디지털 교육
트렌드 리포트 2025

디지털 교육
트렌드 리포트
2025

초판 1쇄 발행 2025년 3월 10일
2쇄 발행 2025년 5월 22일

기획위원 김수환 · 조기성

지은이 박기현, 변순용, 도재우, 신승기, 김수환, 송석리, 정영식, 정웅열,
김용성, 조기성, 이은상, 이주성, 김재현, 이현규, 이창훈

발행인 이형세
발행처 테크빌교육㈜
테크빌교육 출판 서울시 강남구 언주로 551, 5층 | **전화** (02)3442-7783 (333)

편집 한아정 | **디자인** 어수미

ISBN 979-11-6346-783-0 03370
책값은 뒤표지에 있습니다.

테크빌교육 채널에서 교육 정보와 다양한 영상 자료, 이벤트를 만나세요!

티처빌 teacherville.co.kr
쌤동네 ssam.teacherville.co.kr
쌤도서 teacherville.co.kr/newbook/ssamBookMain.edu
체더스 www.chathess.com

AI 디지털교과서부터 생성형 AI, 고교학점제까지
인공지능 교육 10대 키워드 해설

디지털 교육 트렌드 리포트 2025

박기현, 변순용, 도재우, 신승기, 김수환, 송석리, 정영식, 정웅열,
김용성, 조기성, 이은상, 이주성, 김재현, 이현규, 이창훈 **지음**

테크빌교육

AI 시대, 전환점을 마주하며

지금 디지털 교육의 변화는 유례를 찾을 수 없이 빠르고 논의의 열기 또한 뜨겁다. AI 디지털교과서, 생성형 AI, 그리고 AI 에이전트까지 다양한 개념과 기술이 교육 현장에 등장하며 정책과 현장 모두에 영향을 미치고 있다. 개별 기술의 효과성과 안전성을 검토하는 논의가 복잡해도 하나의 방향성이 확실하다. AI의 시대다. 이는 전 사회의 세계적 흐름이며 교육 또한 이 거대한 물결을 마주하고 있다.

본서의 제1권을 출간하고 겪은 지난 2024년은 AI 교육에 관한 논의가 본격적으로 시작된 해였다. 챗GPT를 필두로 생성형 AI의 확산이 급속도로 이루어졌으며, 이에 따라 AI의 교육적 활용 가능성뿐만 아니라 윤리적 문제, 평가 방식의 변화, 학습 과정에서의 AI 도입 범위에 대한 논의가 활발하게 진행되었다. 특히 AI 디지털교과서의 개발 및 보급 준비가 본격화되면서 AI와 데이터가 공교육의 기반으로 자리 잡게 될 것이라는 기대와 우려가 연말을 지나 해를 넘기며 상충했다. 올해 첫 보급이 이루어진 이후에도 활용 범위와 개선에 대한 논의가 지속될 것으로 예상된다. 논의의 온도나 시시각각 보도되는 구체적 정황과 별도로 이 또한 교육부를 포함한 국가 전체가 디지털 전환과 맞춤형 교육이라는 명확한 목표를 향해 나아가는 과정임은 변함없다.

AI 교육, 실행과 논의가 동시에 이루어지는 변화

AI 교육의 도입 과정은 우리 공교육에서 택해 왔던 전통적 변화 방식과는 다소 다르다. 전통적으로 교육과정 개정과 같은 주요 정책 변화는 철저한 사전 계획과 교사 연수를 거친 후 단계적으로 실행하는 워터폴(Waterfall) 방식으로 진행되어 왔다. 디지털 전환을 목적으로 한 기존 정책들 또한 상당수 이 방식에서 크게 벗어나지 않았다. 그런데 AI 교육에 있어서는 완벽한 계획을 수립하기 전에 실행을 먼저 시작하고, 이후 개선을 더하며 최적의 방안을 모색하는 적응형 접근법(Adaptive Approach)의 애자일(Agile) 방식이 자연스럽게 정착되고 있다. 이는 안정성을 중요 가치로 여길 수밖에 없는 공교육 시스템에서는 보기 어려웠던 흐름인데, AI 교육에 있어서만큼은 필연적인 변화라 할 수 있다.

　AI 기술에 대해서는 하루가 다르게 발전한다는 표현이 과장이 아니다. 변화의 속도가 일반적으로 우리가 예상하는 것 이상으로 빠르다. 챗

GPT가 등장한 이후 불과 1년 만에 다양한 생성형 AI 도구들이 등장했고 AI 에이전트와 같은 자율적 실행 모델 또한 급부상했다. 만약 기존 방식대로 AI 교육을 계획하고 철저한 준비를 마친 후 도입하고자 한다면, 계획이 완료될 즈음 해당 기술은 더 이상 최신 기술이 아닐 가능성이 높다. 해당 기술을 대체할 새로운 기술이 등장하면 준비했던 계획은 중단할 수밖에 없을 것이다. 교육이 AI 기술의 변화 속도를 따라가지 못하는 이 방식으로 학생들은 AI를 배울 기회를 갖기 어렵다. 결국 AI 교육은 완벽한 계획을 고수하는 것이 아니라, 신속한 실행과 지속적인 개선이 가능한 방식을 선택해야만 가능하다.

그렇다면 AI 교육 도입에 있어 실행은 전체 과정의 시작점에 가깝다. 중요한 것은 우선적 실행의 불안감을 해소할 실행 이후의 논의와 담론이다. 특히 AI는 현장의 피드백을 반영하며 유기적으로 변화하는 특성을 지닌 기술이다. 따라서 교육 전문가인 교사가 실행의 키를 분명히 쥐어야 하며 공교육, 에듀테크 기업, 교육학계가 긴밀히 협력해야 한다. 실행 과정에서 도출되는 문제점을 빠르게 수정하고 보완하는 것이 AI 교육 정착의 핵심 요소가 될 것이다. 교육부와 현장의 교사들, 연구자들이 머리를 맞대고 논의를 이어나가야 하며, 이러한 협력의 중심에는 반드시 민관학(공교육 · 기업 · 학계)의 공조 체계가 자리 잡아야 할 것이다. 그리고 이 협력은 공교육이 국가 교육목표라는 큰 방향성 위에서 실행 과정을 유연하게 진행하는 과정이므로 애자일을 포함한 하이브리드 방식으로 진행되어야 함을 잊지 말아야 한다.

AI 교육을 위한 민관학 협력과 산업계의 역할

AI 교육이 공교육의 중심으로 자리 잡기 위해서는 산업계의 책임과 역할 또한 중요하다. 공교육이 AI 기술을 효과적으로 활용할 수 있는 환경을 조성하는 주체이지만 산업계 역시 교육적·사회적 책임을 분명히 가져야 한다. AI 기술이 공교육과 결합할 때는 혁신적 기술보다 교육의 공공성과 형평성 보장을 우선적 가치로 고려해야 한다. AI 교육 서비스는 특정 환경이나 소수의 학생들만을 위한 기술이 되어서는 안 되며 AI 디바이드 예방. 윤리적 활용, 데이터 보호, 공정한 접근성 확보 등 사회적 논의에 대한 기술적 준비를 선제적으로 진행할 수 있어야 한다.

이러한 맥락에서 AI 교육과 관련된 필수적인 지식과 통찰을 제공하는 책이 가치가 있을 것이라 판단했다. 이 책 『디지털 교육 트렌드 리포트 2025』는 AI 교육의 최신 동향을 분석하고, 공교육이 AI 시대를 맞아 어떠한 방향으로 나아가야 하는지를 심도 있게 다루었다. AI 디지털 교과서를 비롯하여, AI가 교육 현장에 미치는 영향을 분석하고, AI 시대의 교사 역할, 맞춤형 교육, 데이터 리터러시 등 10가지 핵심 주제에 대한 전문가들의 논의를 담았다. 이 책은 단순한 기술 설명을 넘어, 공교육이 AI 시대를 어떻게 준비하고, 활용해야 하는지에 대한 실질적인 방향성을 제시하고자 했다.

AI 교육 패러다임 전환의 디딤돌이 되기를

AI 교육은 AI 기술의 도입을 의미하는 것이 아니다. 기존 교육의 모든 장면을 변화시킬 거대한 교육 패러다임 전환을 의미한다. AI는 개별 학습 분석과 맞춤형 교육을 실현하는 강력한 도구로 자리 잡을 것이며, 학습자 개개인의 학습 경험을 최적화하는 데 기여할 것이다. 2025년 AI 교육을 둘러싼 수많은 논의와 실천이 이루어지는 과정에서 『디지털 교육 트렌드 리포트 2025』가 정확한 지식을 제공하는 기본서로 자리 잡고, AI 교육 패러다임 전환의 단단한 디딤돌이 되기를 기대하며 이 책을 세상에 내놓는다.

2025.02.
테크빌교육(주) 대표이사
한국디지털교육협회 회장
이형세

교육의 본질을 지키는
미래교육의 방향성이란

초 · 중등 교육의 목적은 개인의 성장을 지원하여 자아실현을 가능하게 하는 것과 개인의 소질과 적성을 발견하여 진로와 직업의 기반을 다지게 하는 데 있다. 교육은 개인의 성장을 추구하면서 국가의 경쟁력을 제고할 수 있기 때문에 대한민국 국민 모두가 관심을 가지고 참여해야 하는 영역이다.

〈유네스코 2050 미래교육 보고서〉[1]에서는 현재의 교육 제도가 1차 산업혁명 시대에 만들어진 사회 계약이며, 당시 가장 중요한 목적은 정해진 교육 내용을 많은 학생에게 빠르게 전달하는 것이었다고 말한다. 당시 학교에서는 소위 리터러시라고 하는 읽고, 쓰고, 셈하는 방법을 가르치는 것을 토대로 산업 현장에서 일할 수 있는 인력을 양성하는 것을 목표로 설정하였다. 이때 교육의 역할은 학생들이 인류가 축적한 핵심 지식을 빠르게 익혀 산업 현장에서 매뉴얼을 읽고 지시에 따라 과업을 수행하도록 돕는 것이었다. 이런 방식의 교육이 제도화되자 국가 단위의 교육부와 지역의 교육청이 교육의 내용과 방법을 정하여 학교에 하달하는 형태가 굳어졌다. 유네스코 보고서에서는 국제적인 환경 변화와 디지털 전환, AI 기술 발전의 가속화로 더 이상 이런 방식의 교육이 유효하지 않다는 점을 강조한다. 그러면서 기존의 톱다운(Top-down) 방식이 공공재

(Public good)의 방식이었다면, 현대와 미래에는 공공재의 방식이 아니라 교육의 수요자인 학생, 학부모를 비롯해 모든 기성세대가 함께 참여하여 만들어 가는 공동재(Common good) 방식이 필요하다고 말한다. 공동재의 방식은 아프리카의 속담처럼 온 마을이 함께 아이들 교육을 위해 노력하는 것을 의미한다.

미래교육을 위한 노력은 방향성이 중요하다. 다시 교육의 본질로 돌아갈 필요가 있다. 교육의 목적이 개인의 성장과 진로 및 직업 역량을 길러 주는 것이라면, 우리가 하는 노력이 그 목적을 달성할 수 있을지 살펴보아야 한다. 2025년은 교육적으로도 사회적으로도 매우 중요한 해이다. 우리나라 교육 현황을 살펴보면 학령 인구 감소와 기후 위기의 환경적 변화와 더불어 디지털, AI 기술의 발전에 따른 대규모 교육 환경 변화가 예상된다. 특히 몇 년 전부터 시범적으로 도입되던 고교학점제가 2025년에 모든 고등학교에서 시행되고, 2022 개정 교육과정도 초·중·고등학교에서 모두 시작된다. 또한 AI 디지털교과서도 영어, 수학, 정보 교과를 중심으로 교육 현장에 도입되기 시작한다. 이런 국내 교육 변화에 발맞춰 교육부와 교육청에서는 교사 연수를 통해 교수 역량 강화에 힘을 쏟는 것은 물론, 다양한 교육 자료를 개발하여 보급하고 있다. 국제적으로도 글로벌 기후 변화와 양극화, AI 기술의 발달로 인한 교육 변화 등에 적극적으로 대응하기 위한 노력이 다양하게 이루어지고 있다. 교육적 대응의 일환으로 2022 개정 교육과정의 기반이 된 〈OECD 2030 미래교육 나침반 보고서〉[2]에서는 문해력, 수리력, 디지털(데이터) 소양을 기본 소양으로 가르쳐야 한

1) UNESCO International Institute for Higher Education in Latin America and the Caribbean(2021). Pathways to 2050 and beyond: findings from a public consultation on the futures of higher education. UNESCO.
  * 한국위원회 번역본 https://unesco.or.kr/유네스코-교육의-미래-보고서-함께-그려보는-우리의/
2) Organisation for Economic Co-operation and Development.(2019). OECD future of education and skills 2030: OECD learning compass 2030. A series of concept notes.

다고 제안한다. 급변하는 국내외 교육 환경에서 자신의 꿈을 성취하는 아이들로 기르려면 미래 인재에게 필요한 역량을 정의하고 그 역량을 기를 수 있는 교육 환경을 제공하는 것이 중요하다.

이 책은 급변하는 미래교육 환경을 예측하면서 디지털, AI 기술을 어떻게 활용하면 미래 인재 역량을 길러 줄 수 있는지에 대한 내용을 담고 있다. 각 분야 전문가들이 모여 디지털 전환과 AI 시대를 대비하기 위해 교육은 어떻게 대응하고 변화해야 하는지에 대한 질문에 답하였다. Part 1에서는 지금 AI 중심 에듀테크 업계의 구조 및 발전 양상을 바탕으로 맞춤형 교육을 위한 AI 교육 분야의 과제를 소개한 뒤, 이어질 Part 2에 수록된 전문가 글 10편의 관계와 맥락을 전체적으로 연결해 소개했다. Part 2는 디지털 교육의 3대 주제를 제1권과 동일하게 유지하여 (1) 교육 디지털화의 지향점, (2) 교육 내용 및 방법, (3) 교육 환경의 변화로 두되, 하위 10대 키워드는 트렌드를 반영하여 새롭게 제시하였으며, 각 키워드에 대한 해설과 전망은 국내 최고 전문가들로부터 받아 실었다. 이어지는 Part 3는 세계 속 한국 교육의 오늘과 내일에 대한 현직자 리뷰를 실어 국제적 흐름이 한국의 디지털 교육에 시사하는 바를 보다 현실적이고 구체적으로 제시하고자 했다. 이번 책에는 BettShow 2025에 참석했던 초등, 중등, 특수교육 현직 교사 리뷰에 에듀테크 기업 현업자 리뷰를 더해 구성했다.

미래학자 레이 커즈와일(Ray Kurzweil)이 주장한 것처럼 AI 기술은 J 커브를 그리면서 기하급수적으로 발전하고 있다. 〈OECD 2030 미래교육 나침반 보고서〉에서는 기술의 발전이 교육의 변화를 앞지르게 되면 '사회적 고통'이 발생하고, 교육이 잘 대응하여 앞지르게 되면 '번영'의 시기가 온다고 말한다. AI 기술이 급속도로 발전하고 있는 지금은 사회적 고통의 시기인 듯하다. 2025년 1월 중국에서 발표한 생성형 AI 모델인 딥시크(DeepSeek)는 이런 현상에 더욱 영향을 미쳤다. 혹자들은 딥시크 쇼크를 1950년대 강대국들의 군비 경쟁을 가속화했던 '스푸트니크 쇼크'에 비유한다. 스푸트니크 쇼크는 교육과 기술에서 앞서 있다고 생각했던 서방 국가에 경종을 울렸던 사건으로, 미국에서는 당시 유행했던 경험 중심 교육과정이 학문 중심 교육과정으로 변화하는 계기가 되었다. 원래 교육 사조는 시대의 요구와 환경의 변화에 따라 학문과 경험 사이에서 시계추가 움직이듯 변화하는데, AI 시대에도 그 균형을 잘 잡을 필요가 있다. 교육을 변화시키는 것은 기술이 아니라, 그 기술을 이해하고 제대로 사용할 줄 아는 사람(교사, 학생, 학부모, 정책가)이다.

휘몰아치는 AI 기술의 파도에 휩쓸리지 않으려면 교육의 목적과 본질을 되새겨 볼 필요가 있다. 특히 톱다운 방식이 아니라 사회의 모든 구성원이 참여하는 보텀업(Bottom-up) 방식의 공동재로서의 교육을 가능하게 하려면 기성세대 모두가 마음을 모아야 한다. 필자는 미래교육의 방향성을 설명할 때 '정원사' 비유를 활용한다. 정원사는 식물을 가꿀 때 주입식으로 하지 않는다. 필요한 성장 환경을 제공하고 적절한 순간에 가지치기와 지지대를 제공한다. MIT 미디어랩에서는 교육의 변화를 추구하면서 교육 내용이나 교육 방법을 강조하기에 앞서 '창의적이고 개방적인 교육 환경'을 강조한다. 본 책은 디지털 AI 교육의 방향성을 탐색하고 아이들에게 필요한 환경을 어떻게 제공하면 좋을지에 대한 통찰을 제공한다. 이 책을 통해 기술 중심이 아닌, 사람 중심의 디지털 AI 교육을 함께 고민하며 올바른 방향을 찾아가기를 희망한다. 디지털 AI 교육에서 교육의 공동선이 실현되기를 소망한다.

기획위원을 대표하여
김수환

Part 3

해외 에듀테크 동향과 한국 디지털 교육 시사점

: 세계 속 우리 교육의 오늘과 내일 BettShow 2025 현직자 리뷰

Part

1

DIGITAL EDUCATION
TREND REPORT 2025

AI 중심 에듀테크 기술 현재 지형과
AI 교육 키워드

: 맞춤형 교육을 위한
AI 교육의 현재 과제

AI 중심 에듀테크 기술 현재 지형과 AI 교육 키워드

: 맞춤형 교육을 위한 AI 교육의 현재 과제

박기현 (테크빌교육(주) 에듀테크부문 대표)

1. AI 디지털교과서와 맞춤형 교육

교육은 지금 거대한 변화의 과정에 있다. 디지털 대전환이라는 시대적 흐름과 디지털 기술의 대표주자 인공지능(AI)이 만나면서 교육의 방식과 내용이 빠르게 변화하고 있다. 그 중심에는 'AI 디지털교과서'가 있다. 이는 교과서의 전통적 개념을 넘어 인공지능을 활용해 맞춤형 학습을 제공하고 학생 개개인의 학습 데이터를 분석하여 최적의 교육 경로를 제시하는 혁신적인 시도이다. 그런데 'AI'와 '디지털'이라는 시대적 키워드가 '교과서'라는 기존 체계의 중압감 있는 키워드를 만나면서 혁신의 가능성과 변화의 속도가 주춤하고 있는 모양새다.

교육부는 2023년 2월 모두를 위한 맞춤 교육을 실현하기 위한 '디지털 기반 교육혁신 방안'을 발표하였다[1]. 이 방안은 디지털 대전환 시대에 대응하여 교육 분야도 변화와 혁신이 필요하다는 인식에 따라 마련된 것으로 인공지능 등 첨단기술을 활용하여 학생들에게 자신의 역량과 배움의 속도에 맞는 맞춤 교육을 제공함으로써 학생 한 명 한 명을 소중한 인재로 키우고자 한 것임을 추진배경으로 밝혔고, 교사들이 학생과의 인간적 연결에 더욱 집중할 수 있도록 함으로써 창의성, 비판적 사고력, 인성 등 AI가 대체할 수 없는 인간 고유의 능력을 키우고 교육 본질을 회복하는 것을 기본 방향으로 제시했다.

---

1) 교육부(2023.2.), 모두를 위한 맞춤 교육의 실현, 디지털 기반 교육혁신 방안.

그러나 이 변화는 기대만큼이나 커다란 혼란을 가져오고 있다. AI 디지털교과서와 관련된 기술적, 정책적 문제뿐만 아니라 기존 우리나라 교육 시스템에 내재되어 있던 난제들이 이 교과서를 준비하고 도입하는 과정에 모두 쏟아져 나오고 있기 때문이다. 교사들은 새로운 시스템에 적응하기 위한 각종 연수에 피로감을 느끼고 있고, 학부모들은 AI와 디지털 기기가 자녀 교육에 미칠 영향을 염려하고 있다. 급격한 변화 속에서 학생들 역시 기존의 학습 방식이 새로운 시스템으로 부드럽게 전환될 수 있을 것인지를 걱정하고 있다. 더욱이 AI가 근본적으로 가지고 있는 윤리적 문제와 AI가 교육의 본질을 어떻게 변화시킬 것인지에 대한 철학적 질문도 상존해 있다.

이 장에서는 AI 디지털교과서 도입을 준비한 2024년 일어난 변화와 관련 논점들에 대해 살펴보고자 한다. 교육 디지털 전환의 일환으로서 이 변화가 학교 현장에 어떤 영향을 미쳤는지, 교사와 학생, 학부모들은 어떤 도전에 직면해 있는지 생각해 본다. AI와 디지털 기술이 가져올 교육 혁신은 필연적 흐름이지만 이것이 온전한 성과로 이어지기 위해서는 보다 정교한 논의와 준비가 필요하다. 변화의 최전선인 교육 현장이 직면한 고민과 도전들을 탐색하며 앞으로 나아가야 할 방향을 함께 모색해 보고자 한다.

맞춤형 교육

AI 디지털교과서가 추구하는 가장 중요한 목표 중 하나는 맞춤형 교육이다. 정확하게 맞춤형 교육이란 무엇일까. 그리고 무엇을 무엇에 맞춘다는 것일까.

먼저 용어부터 살펴보자. 일반적으로 수업은 '교수(Teaching)'와 '학습(Learning)'으로 이루어진다. 학습은 학습자의 배우고 익히는 활동으로 행동이나 인지의 변화를 수반하는 과정이고, 교수는 교수자가 학습자의 학습을 목표로 수행하는 활동이다. 그렇다면 '맞춤형 학습'은 학습자에 맞춘 배움이 일어나는 과정이고 '맞춤형 교수'는 학습자에 맞춰 가르침을 주는 활동이다. 그렇다면 '맞춤형 수업'은 맞춤형 교수에 의해 맞춤형 학습이 진행되는 수업을 의미한다. 맞춤형 교육은 이러한 맞춤형 수업을 기반으로 구현된다.

수업에서 맞춤이란 교수자가 학습 목표, 학습 방법, 학습 결과물 등을 학습자별로 맞추는 것이다. 학습자의 수준에 맞춰 학습 목표를 다르게 하고, 학습자의 교육 자료 선호도에 맞춰 시각적 자료, 청각적 자료 등 학습 자료와 활동을 맞추어 제공해 줄 수 있다. 학습 결과물도 학습 방식에 맞춰 구두 발표, 동영상 제작, 보고서 작성 등으로 다르게 할 수 있다.

이 학습자별 맞춤에 대해 설명할 때 개인화, 개별화 등 몇 가지 용어가 혼재되어 사용되고 있다. 이와 관련하여 캐슬린 맥클라스키(Kathleen McClaskey)와 바바라 브레이(Barbara Bray)는 용어들의 차이를 명확하게 하기 위해 PDI 차트(Personalizaion vs. Differentiation vs. Individualization Chart)를 만들었다. 이 차트는 2012년에 처음 만들어졌고 여러 교육자들의 피드백을 반영한 세 번째 버전이 2014년에 발표되었다[21]. PDI 각 이니셜에 대응하는 세 가지 용어 Personalization, Differentiation, Individualization의 의미 차이가 차트에 해설되어 있다. 이 용어들은 순서대로 개인화, 차별화, 개별화로 번역되는데 아직 안정화되지 않은 상태로 용어 자체의 정의보다는 각 개념의 차이를 관심 있게 볼 필요가 있다.

개인화(Personalization)는 학습자가 자신의 학습을 책임지고 주도하는 것을 의미하는 말로 학습자의 학습을 설명하는 용어이고, 차별화(Differentiation)와 개별화(Individualization)는 교수자의 교수 활동을 설명하는 용어다. 이 중 차별화는 전체 학습자를 서로 다른 학습요구를 가진 몇 개의 소집단으로 구분하여 집단별 요구에 맞는 학습을 설계해 교수하는 것을 의미하고 개별화는 학습자 개개인의 학습요구를 수용하여 개별 학습자의 요구에 맞게 교수함으로써 학습을 맞춤화하는 것을 의미하는 용어다.

대상 측면에서 개인화와 개별화는 학습자 개인을 대상으로 하는 개념인 반면 차별화는 학습자 집단을 대상으로 한다. 학습목표에 있어서 개인화는 학습자에 맞춰 목표가 선택되고 조정되는 반면, 개별화와 차별화는 교사가 전체 집단의 학습목표를 동일하게 정해 둔 상황을 전제하되 개별화의 경우 개인별 세부 목표를 서로 달리할 수 있다.

이를 바탕으로 하면 개인화 수업은 목표부터 과정까지 교사가 학습자 개인에 맞춰 설정하고 진행하는 수업인 반면, 개별화 수업은 교사가 학습자 개개인의 특성에 맞춘 교수를 진행함으로써 교사가 애초 의도했던 학습목표를 학습자가 달성할 수 있도록 하는 수업이다. 차별화 수업은 학습자 소집단별 특성에 맞게 서로 다른 교수를 진행하여 전체 집단이 동일한 학습목표를 달성하도록 하는 수업이다.

한편 개인화, 차별화, 개별화 용어와 개념을 포괄하여 "맞춤형 수업은 개별 학습자 혹은 학습자 집단의 특성과 요구에 맞게 학습 활동과 자원을 조정하여 학습자가 최적화된 학습을 경험할 수 있도록 맞춤화된 지원을 제공하는 수업"이라고 정의하기도 한다[3].

교육부에서 '모두를 위한 맞춤 교육'이라는 비전[4]을 실현하고자 추진한 AI 디지털교과서는 교육과정에 따른 동일한 학습목표를 달성하는 데 있어서 교수 대상으로 학습자 집단이 아닌 각 개인에 초점을 둔 개인별 맞춤을 지향하고 있으므로 이를 통해 구현하고자 하는 것은 개별화(Individualization) 교육이라 표현하는 것이 타당하다.

2) PDI 차트(v3). https://kathleenmcclaskey.com/personalization-vs-differentiation-vs-individualization-chart
3) 이현경, 조영환, 금선영(2022). 학습자 데이터 기반 맞춤형 수업설계에 대한 초등학교 교사의 인식. 교육공학연구, 38(1).
4) 교육부(2023.2.). 모두를 위한 맞춤 교육의 실현. 디지털 기반 교육혁신 방안.

2. AI 중심, 2025 에듀테크 현재 지형

AI 교육의 목표는 맞춤형 학습 지원을 통한 개별화 교육의 실현이다. AI 로 학생들은 자신의 학습 속도와 수준에 맞는 교육을 받아 학습 효율을 극대화할 수 있다. 특히 AI 기반 학습 분석은 K-12 교육에서 학생들의 학습 패턴을 분석하고 개인화된 학습 경험을 제공하는 데 중요한 역할을 하고 있다.

AI 기술은 학생들의 학습 데이터를 분석하여 맞춤형 학습 경로를 최적화해 제공하고, 학습이 미비한 부분을 보완할 수 있는 콘텐츠를 제시함으로써 학습의 효율성을 높인다. AI 기술을 활용한 교육은 과거의 일방향 방식에서 벗어난 학생 중심의 학습을 가능하게 하여 학생들의 학습 경험을 개선하고 교육의 질을 높이는 데 기여할 것이다. 물론 AI 기술의 공교육 적용은 윤리적 문제, 디지털 격차, 데이터 프라이버시 등의 이슈를 고려하며 속도와 폭을 조절하게 될 것이다. 따라서 대한민국의 에듀테크 기업들은 기술뿐만 아니라 이와 같은 문제를 해결하기 위한 노력도 병행해야 할 것이다.

국내 에듀테크 시장은 지속적 성장이 예상되는 상황이다. 2021년 약 7조 3,250억 원 규모였던 시장이 연 평균 8.5%의 성장률을 보이며 2025년에는 약 10조 원에 이를 것이라 전망되고 있다[5]. AI 디지털교과서 도입뿐 아니라 에듀테크 기업들의 혁신적인 AI 활용이 이후에도 이 성장세를 유지, 가속할 것으로 보인다.

다소간의 혼란과 부침이 상존하겠지만 대한민국 에듀테크 기업들은

AI를 기반으로 한 교육 환경 혁신을 지속적으로 제공해 나갈 것이며 대한민국 교육을 디지털 전환의 선도 모델로 자리매김하게 할 것으로 보인다. AI 디지털교과서를 포함한 에듀테크 도구들이 학교에 도입되어 갈수록 한국의 교육 시스템에 예정되어 있는 혁신으로는 맞춤형 교육 실현, 교육 접근성 향상, 교사의 역할 변화, 교육 콘텐츠 다양화, 교육 데이터 활용 증거기반 교육 심화 등이 있다.

현재 인공지능 활용을 통한 교육 혁신 영역에서 에듀테크 업계에 부각되어 있는 주요 사업은 크게 다음과 같이 구분해 볼 수 있다.

1. AI 디지털교과서 도입

정부는 2025년부터 학교에 AI 디지털교과서를 도입하여 학생들의 학습 경험을 향상시키고자 한다. AI 디지털교과서는 학생들의 학습 수준에 맞춰 AI가 생성한 맞춤형 과제를 제공하며, 학습자의 참여를 유도하고 창의적 사고를 촉진하는 것을 목표로 한다. AI 디지털교과서의 보급률이나 속도와 관계없이 학교에 구축된 디지털 인프라를 활용하여 에듀테크 기업들은 AI 디지털교과서 직접 개발, 보조 활용 도구 개발 등을 추진해 나갈 것이다.

---

5) 김명희(2022.06.30.). 국내 에듀테크 시장, 2025년 10조원 규모 성장 전망. 전자신문.

2. 적응형 학습 (분석) 플랫폼 개발

AI를 활용하여 학습자의 수준과 학습 패턴을 분석하고, 개인별 맞춤형 학습 경로를 제공하는 플랫폼이 주목받고 있다. 학습자의 학습 활동을 진단하고 개인화된 학습 경로를 제공하는 AI 기반 시스템이 개발되고 있으며 학업 성취도를 향상시키기 위한 맞춤형 콘텐츠도 제공되고 있다. 광학 문자 인식(OCR) 기술을 통해 수학 문제와 풀이를 스캔하고 단계별 해설을 제공하는 AI 기반의 수학 문제 해결 및 튜터링 플랫폼과 같은 서비스가 개발되고 있는 것이 예다.

3. AI 기반 교육 행정 지원

AI와 데이터를 활용하여 교육 행정 지원 서비스를 개발하여 교육 행정의 효율성을 강화하고자 하고 있다. AI를 활용한 학교 관리 시스템 개발, 교사의 업무 효율성을 높이기 위한 다양한 AI 기반 도구들을 제공하고 있다.

4. 데이터 분석 및 연구

개인 학습자에 대한 학습활동 데이터 분석 뿐만 아니라 대규모 학습자에 대해 머신러닝을 활용한 교육 데이터 분석 및 인사이트 도출, 그리고 학습 패턴 및 교육 트렌드 예측을 위한 AI 모델 등을 개발하고 있다.

5. AI를 활용한 교육 콘텐츠 개발

에듀테크 기업들은 AI를 활용하여 교육 콘텐츠를 개발하고 있다. 예를 들어, AI를 활용한 문제 생성, 자동 채점, 학습자 맞춤형 피드백 제공 등을 통해 학습 효율성을 높이고 있다. 이러한 기술은 AI 기술을 활용한 맞춤형 학습 솔루션의 기반이 되며, 학습자의 수준에 맞춰 문제를 자동 생성하거나 추천하는 수학 교육 솔루션 등 다양한 에듀테크 제품이 개발되고 있다. 이러한 기술을 바탕으로 교육 효율성을 극대화하고, 교사는 데이터 기반으로 수업을 설계할 수 있게 된다.

6. AI 및 메타버스 통합 솔루션

메타버스는 불과 몇 년 전만 하더라도 미래 기술의 핵심 키워드로 떠오르며 큰 주목을 받았으나 현재 용어에 대한 대중적 관심이 낮아진 편이다. 하지만 메타버스라는 단어의 언급이 줄어들었을 뿐 메타버스의 발전은 꾸준히 진행되고 있었으며 최근 인공지능 기술과의 결합을 통해 여전히 새로운 방향으로 진화해 나가고 있다. 이는 가상세계가 현실세계와 독립된 별도의 것이 아니라 연결되어 정보 교류 등 상호작용이 일어나는 영역까지를 포괄하는 메타버스의 개념적 의미[6]를 되짚어 보면 어렵지 않게 납득할 수 있을 것이다. 다만 기존에는 현실세계에서 가상세계로의 연결이 강조되었는데 이제는 반대로 가상세계에서 현실세계로의 연결이 부각

---

6) 김상균, 박기현(2022), 스쿨 메타버스: 시작된 미래, 새로운 학교, 테크빌교육.

되고 있다. 2025년 CES 키노트 연설에서 언급되며 크게 주목받은 'Physical AI'가 그 예다.

인공지능과 결합되면서 메타버스는 기술적 한계와 장벽을 낮추고 더 몰입감있는 환경을 만들어 가고 있다. 이런 추세에서 AI와 메타버스를 활용한 학습 및 실습 환경을 제공하는 기업들이 증가하고 있으며, 학생들에게 더욱 몰입감 있는 교육 경험을 제공하고 있다.

에듀테크 중점 요소와 구조

복잡해 보이는 에듀테크 업계 영역들의 위치와 관계를 쉽게 설명하고자 에듀테크 산업의 중점 요소와 구조를 도식화하여 이전 책 〈디지털 교육 트렌드 리포트 2024〉에 제시했었다. 2025년을 맞으면서 그간의 업계 변화를 반영하여 일부를 더하거나 변형하여 도식을 수정하고자 한다.

그간 누적된 변화는 인공지능이 에듀테크 전반에 깊숙이 스며들기 시작한 양상이라고 압축적으로 표현할 수 있다. 우선 학습 데이터 분석 부분에서 이전에는 학습 데이터를 기반으로 맞춤형 학습을 제공하는 인공지능 튜터의 개념이 있었는데 2023년 8월 〈AI 디지털교과서 개발 가이드라인〉[7]이 발표되며 학생 측면에서 맞춤형 학습을 지원하는 '인공지능 튜터'와 교사 측면에서 맞춤형 수업의 설계를 지원하는 '인공지능 보조교

---

7) 교육부, 한국교육학술정보원(2023). AI 디지털교과서 개발 가이드라인. 한국교육학술정보원.

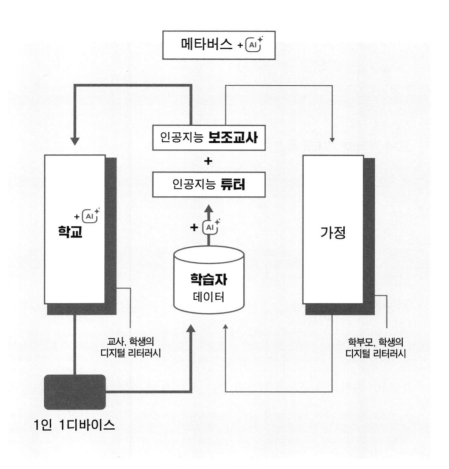

에듀테크 중점 요소와 구조

사'로 용어가 정리되었다. 현실 공간과 가상 공간이 연계되며 공존하는 메타버스에도 인공지능이 결합되면서 현실과 가상의 연계가 보다 긴밀하고 유연하게 이루어지고 있다. 다만 학교에서의 디지털 전환이 가정에 영향을 미치는 정도로까지는 아직 확산, 심화되지는 못한 양상이다.

3. AI 디지털교과서에 대한 기대와 우려의 의미
: 교사와 학부모 관점에서

교사 관점의 기대와 우려

현직 초등교사들의 AI 디지털교과서에 대한 기대와 우려를 전체적으로 살펴보기 위하여 총 9개 영역(학습적, 정서적, 신체적, 상호작용적, 교수적, 기술적, 행정적, 윤리적, 사회적 영역)에 대하여 AI 디지털교과서를 사용하였을 때의 기대점과 우려점을 묻는 설문을 실시한 연구가 있었다[8].

   연구 결과, AI 디지털교과서에 대한 교사들의 기대보다 우려가 전체 9가지 영역에서 모두 높게 나타났다. 특히 행정적, 신체적, 기술적, 윤리적 영역에서의 우려가 두드러졌다. 교사들은 AI 디지털교과서의 도입으로 인해 행정적인 부담이 전가될 것을 가장 크게 우려하였고, 학생들의 시력 저하, 자세 불량, 청력 손상 등 신체적 건강에 미치는 부분을 우려하였으며 개인정보 유출과 같은 윤리적 문제와 디지털 격차 심화, 사회적 비용 증가 등의 사회적 문제에도 깊은 우려를 표명하고 있었다.

   이러한 우려를 반감시키기 위한 대책이 정책적으로 제시될 필요가 있다. AI 디지털교과서로 인하여 교사들에게 따르는 행정적, 기술적 부담을 줄여 줄 수 있는 실효성 있는 대책이 빠르게 강구되어야 하고 AI 디지털교과서의 신체적 영향에 대해서는 장기화된 추적 연구 및 조사 착수의 필요가 분명해 보인다. 또한 개인정보 유출이나 부정행위, 표절 문제와 같은 윤리적 문제를 해결하기 위한 강력한 보안 정책이 필요할 것이다.

반면 연구에서는 AI 디지털교과서에 대해 교사들이 가진 기대에 대해서도 다루었는데 기대는 특히 기술적 편리성과 행정적 업무 효율성, 학습자 맞춤형 교육의 가능성에 대한 기대가 주된 것으로 확인되었다.

학부모 관점의 기대와 우려

AI 디지털교과서의 도입을 바라보는 학부모들의 시각에 대한 연구[9]에서는 기대와 우려가 공존해 있는 현상과 함께 여러 경로의 의견들이 제시되어 있음을 확인할 수 있었다. 학부모들은 디지털 기술을 활용한 교육이 가져올 긍정적인 변화에 대해 기대를 품고 있는 동시에, 이로 인해 발생할 수 있는 여러 문제점에 대해서도 신중한 태도를 보이고 있었는데 이를 정리하면 다음과 같다.

  · 우려
1. 디지털 기기가 성장기 뇌 발달과 학습에 미치는 영향
학부모들은 디지털 기기를 활용한 학습이 과학적으로 충분한 교육 효과를 입증받았는지에 대해 의문을 갖고 있다. 또한 디지털 학습으로 인해 일부 뇌 기능이 약화될 가능성이 있을 때, 이를 보완할 수 있는

---

8) 최서연, 차나리, 정현서, 노한나, 김대권(2024), 초등교사들의 AI 디지털교과서 도입에 대한 인식, 학습자중심교과교육연구, 권24.
9) 이용진(2025.2.11.), AI · 에듀테크 활용 수업에 대한 우려와 기대, AI와 미래교육 심포지엄, 토론 3.

효과적인 교수 · 학습 대책이 마련되어 있지 않을 것이라는 우려를 가지고 있다.

2. 디지털교과서의 신뢰성과 검증 과정

AI 디지털교과서가 교사, 학생, 학부모 모두에게 신뢰받을 수 있을 정도로 검증 과정을 충분히 거쳤는지에 대한 의문을 가지고 있다. 더불어 교사와 학생 간 디지털 적응도 격차가 학습 효과에 미치는 영향을 고려했을 때, AI 디지털교과서가 단순 도입을 넘어 진정한 교육 목표를 달성하고 학습 격차를 해소하는 혁신적인 역할을 할 수 있을지에 대한 불신도 가지고 있다.

3. 개인정보 보호 및 학습 데이터 관리

학습자의 다양한 학습 정보와 데이터를 저장 · 분석하는 시스템을 기반으로 운영되는 AI 디지털교과서에 대해 학부모들은 자녀의 학습 데이터가 안전하게 관리될 수 있는지, 그리고 이를 운영하는 에듀테크 기업들이 법적 규제를 충분히 준수하고 있는지를 우려하고 있다.

4. 수업 통제 및 디지털 윤리의식

AI 기반 학습이 이루어지는 과정에서 개별 학습자의 학습 태도와 활동에 대한 관리를 효과적으로 할 수 있는 시스템이 구축이 되어 있는지에 대해 의문을 가지고 있으며, 디지털 교육을 둘러싼 윤리적 문제들에 대해 사회적 합의가 아직 충분하게 이루어지지는 않았다고 보는 시각이 있다.

· 기대

1. 미래 인재 역량 개발과 교육 환경 변화

디지털 전환이 가속화되는 시대에 미래 사회에서 요구하는 핵심 역량을 학생들이 기르는 과정을 돕는 역할을 AI 디지털교과서가 할 것이라는 기대를 가지고 있다.

2. 개인 맞춤형 학습과 교사의 역할 변화

AI 디지털교과서가 학습자의 개별 학습 경로를 분석하여 맞춤형 · 적응형 학습을 제공할 수 있다는 점에 근거하여, 학생 개개인의 학습 효율이 높아지고 교사는 단순한 지식 전달을 넘어 보다 깊이 있는 하이터치(high-touch) 학습 지도를 통해 인지적 · 정의적 영역의 균형 있는 교육을 실현할 수 있을 것이라는 예상을 가지고 있다.

3. 시간과 공간의 제약을 넘어서는 학습 인프라 구축

AI 디지털교과서는 학습이 특정 시간과 장소에 국한되지 않고 보다 유연한 형태로 이루어질 수 있도록 지원한다. 이를 통해 기존의 교수 · 학습 환경이 가진 제약이 극복되고 공교육의 접근성과 효율성이 더욱 높아질 수 있다는 기대를 가지고 있다.

4. 고품질 교육 자료의 활용과 공유

AI 디지털교과서를 통해 다양한 공적 오픈자료를 교육에 활용할 수 있으며, 이를 기반으로 교육 환경은 지속적으로 발전할 가능성이 크다고 보고 있으며, 또한 교육 리소스의 공유와 협업이 더욱 활성화됨으로써 보다 풍부하고 수준 높은 학습 경험이 제공될 것으로 전망하고 있다.

즉 학부모들은 AI 디지털교과서가 교육 혁신을 이끌어갈 가능성에 대한 기대를 품고 있는 한편, 이에 따른 신뢰성, 보안, 교육 효과 등에 대한 우려를 동시에 갖고 있었다. AI 디지털교과서를 성공적으로 정착시키기 위해서는 학부모의 우려에 답할 연구와 검증을 진행하고 긍정적 사례를 누적하고 공유하며 지속적으로 협의해 나가는 과정이 필수적일 것이다.

AI 디지털교과서에 대한 교사와 학부모의 생각을 보면, 교육부에서 제시하는 미래교육 청사진에 동의하며 기대하는 부분도 있지만 그만큼 우려도 많다는 점을 확인할 수 있다. 기대는 AI라는 기술이 가지고 있는 잠재적 가능성에 대한 것이고, 우려는 디지털 환경이 정신적, 윤리적으로 가지고 있는 부정적인 영향력에 기인하는 것이다. 그렇다면 기대와 우려 모두 현장에서 단계적으로 검증되는 현실적인 결과를 보고 싶어하는 요구와 이어져 있다고 볼 수 있다.

2022 개정 교육과정이 본격화된다고 볼 수 있는 2025년에 맞춰 더 늦지 않게 AI 디지털교과서 보급 계획을 수립한 교육부의 입장도 이해가 가는 측면이 있지만, 이미 짜여져 있는 교육과정 개편의 틀에 어떻게든 맞추려다 보니 감추어지지 않는 어긋난 틈이 보이는 것도 어쩔 수 없는 사실이다.

AI 디지털교과서가 향후에 가져다 줄 수 있는 멋진 효용만을 강조할 것이 아니라 디지털 대전환이라는 시대적 흐름에 맞춰 단계적 발전과 검증 방안을 제시하는 것이 지금으로서 바람직하다고 생각한다. 1단계로 디지털 인프라를 구축하여 아날로그 서책형 교과서에서 AI 디지털교과서로 전환하는 토대를 구축하여 학생들의 학습활동 데이터를 수집할 수 있는 체계를 강화하는 것이 중요할 것이다. 2단계로는 학생들의 학습 활동 데이터를 모아서 시각화할 수 있는 틀을 만들고 이를 기초로 교사가 학생들을 객관적이고 통합적으로 판단할 수 있는 시스템을 강화해야 할 것이다. 그리고 3단계에서는 AI가 교사의 분석과 판단을 조금씩 더 지원해 나가면서 보다 많은 부분에서 역할을 할 수 있도록 해야 할 것이다. AI 디지털교과서를 도입하면 교사의 개입이 무색하게 AI가 바로 학생에게 맞는 우수한 교육을 제공해 줄 것처럼 보였던 다소 환상적인 목표가 오히려 교육현장과 가정에서 반감을 불러일으킨 면이 있다고 보고 이제는 이에 대응하는 논의와 방안을 만들어 나가야 할 것이다.

4. 2025 디지털 교육, 10대 키워드

앞서 정리한 것처럼 올해는 특히 AI 디지털교과서, 적응형 학습 플랫폼, AI 행정 지원 시스템 등 다양한 AI 기술이 학교 현장에 본격적으로 도입될 것이고 이에 대한 논의가 활발히 이어질 것으로 보인다. 이러한 변화 속에서 AI 교육과 관련된 주요 주제를 파악하는 것은 교사, 교육 행정가, 에듀테크 업계, 학부모 모두가 더욱 적극적으로 논의에 참여하는 데 도움이 될 것이다.

AI에 대한 기술적 이해보다는 교육 패러다임의 변화에 대한 이해가 논의의 중심에 있어야 한다. AI와 디지털 전환이 교육지형을 시시각각 변화시키고 있다. 우리는 이 크고 작은 변화에 대해 지속적으로 논의해야 할 필요가 있다. 아래에서는 교육적 관점에서 선정한 디지털 교육의 3대 주제와 10개의 핵심 키워드를 살펴보고, 각 키워드가 교육 현장에서 가지는 의미를 정리한다. 이 책의 Part 2에는 이 주제들을 심층적으로 다룬 전문가 칼럼이 수록되어 있으므로 관심 있는 주제에 대한 깊이 있는 논의를 살펴볼 수 있을 것이다.

[주제 1] 교육을 어디에 도달시킬 것인가
: 교육 디지털화의 지향점

공교육의 디지털 전환이 어디를 향해 가고 있는지 살펴볼 때, 2022 개정 교육과정, 개인별 맞춤형 교육, 데이터 리터러시라는 세 가지 키워드는 현재 AI 시대 교육의 방향성을 결정하는 핵심 요소다. 이 키워드들은 AI가 기술적 혁신을 바탕으로 교육의 본질적 목표와 장기적 비전을 유지하는 데 어떻게 기여할 수 있는지를 보여 준다. 이 키워드들은 AI 디지털교과서, AI 행정 지원 시스템, 학습 분석 기술, AI 보조교사 등과도 직접적으로 연결되면서 현재 교육계에서 높은 관심을 받고 있다.

2022 개정 교육과정에서는 AI 윤리와 시민성 교육이 중요한 이슈로 떠오르고 있다. AI 기술이 빠르게 발전하면서 딥페이크와 같은 AI 오용 사례가 증가하고 있으며 이에 대한 교육적 대응이 필요하다는 목소리가 커지고 있다. AI 디지털교과서와 맞춤형 학습 플랫폼이 점점 더 확산되고 있는 가운데, 학생들이 AI를 비판적으로 이해하고 윤리적으로 활용할 수 있도록 돕는 교육의 중요성이 더욱 강조되고 있다.

개인별 맞춤형 교육은 교육의 오랜 이상이었는데 AI와 학습 분석 기술의 발전으로 인해 실현 가능성이 크게 높아졌다. 특히 AI 기반 적응형 학습 시스템은 학생 개개인의 학습 수준과 패턴을 실시간으로 분석하여 최적의 학습 경로를 제공하는 방식으로 진화하고 있다. 이는 에듀테크 업계에서 연구 · 개발 중인 적응형 학습 플랫폼과 직접적으로 연결되며 AI 디지털교과서가 본격적으로 도입되는 올해 더욱 주목해야 할 변화다.

데이터는 교육에서 점점 더 중요한 역할을 하게 될 것이다. 학습 데이터는 단순한 숫자가 아니라, 학생 개개인의 학습 경험을 최적화하는 중요한 도구로 활용될 수 있다. 교사는 경험과 직관뿐만 아니라, 데이터 리터러시를 바탕으로 학습자 맞춤형 수업을 설계하고 보다 효과적인 교육 전략을 세울 수 있게 되었다. AI 기반 학습 분석과 데이터 활용이 점점 더 일반화됨에 따라, 교사는 데이터를 활용한 학습 조력자로서의 역할을 수행하게 될 것이다.

[주제 2] 무엇을 어떻게 가르칠 것인가
: 디지털 교육의 내용과 방법

AI 기술이 교육의 내용과 방법을 근본적으로 변화시키면서, AI와 함께 살아가야 할 학생들에게 무엇을 가르치고, 어떤 방식으로 학습을 지원할 것인지에 대한 논의가 그 어느 때보다 중요해졌다. AI 교육 내용, SW · AI 교육, AI 디지털교과서, 고교학점제는 이러한 변화 속에서 교육 현장이 반드시 대응해야 할 핵심 키워드다.

AI 교육 내용은 기존의 정보 · 컴퓨터 교육을 넘어, 모든 교과에서 AI 리터러시를 함양하는 방향으로 발전하고 있다. AI 교육 내용에 대한 몇몇 주요 국제 단체들의 안이 나와 있는데, 특히 AI의 작동 원리에 대한 교육이 학생들이 AI를 비판적으로 이해하고 활용하는 기반이 되기 때문에 중요성이 더욱 커지고 있으며, AI 윤리와 데이터 활용 또한 같은 이유로 강조되고 있다. AI 디지털교과서 도입과 함께, AI는 단순한 학습 지원 도구를 넘어 교육과정과 교육 내용을 변화시키는 핵심 요소로 작용하고 있다.

SW · AI 교육 역시 기존의 프로그래밍 중심 교육에서 벗어나, AI를 활용한 문제 해결 능력과 창의적 사고를 기르는 방향으로 확장되고 있다. 데이터 분석 도구인 오렌지3(Orange3)나 비주얼 파이썬(VPython)과 같은 비코딩 기반 도구들은 학생들이 프로그래밍 기초 지식 없이도 데이터를 분석하고 AI를 활용할 수 있도록 돕고 있다. 이는 과학, 수학뿐 아니라 다양한 교과에서 데이터 기반 탐구와 문제 해결 활동이 보다 쉽고 탁월하게 진행되도록 하고, 창의적 학습을 위한 새로운 기회를 제공하여 수업 현장의 변화를 예고하고 있다.

이러한 변화 속에서 2025년 고교학점제가 전면 도입된다. AI 시대, 정보 교과를 통해 학생들이 자신의 진로를 개척해 나가는 방법에 대한 관심이 높다. 정보 교과는 더욱 강화, 확대됐고 학생들은 AI, 데이터 과학, 소프트웨어 교육을 통해 자신의 진로를 탐색하고 개척할 기회를 가지게 되었다. 고교학점제 도입으로 인해 단순 프로그래밍 수업을 넘어 AI 및 데이터 과학 중심으로 재편된 정보 교과를 통해 학생들은 학교에서 자신이 원하는 진로에 맞춰 AI 및 데이터 과목을 선택하고 보다 깊이 있는 학습을 할 수 있을 것으로 보인다.

[주제 3] 어떤 학교에서 가르칠 것인가
: 에듀테크 기반 교육 환경 구축

AI가 교육 현장에 본격적으로 도입되면서, 학교 공간과 운영 방식, 그리고 교사의 역할 역시 빠르게 변화하고 있다. 생성형 AI, 학교 공간 확장, 새로운 교사상과 학교상은 이러한 변화를 상징하는 핵심 키워드로, 기존의 교육 방식과 패러다임을 넘어 새로운 형태의 학습 환경을 구축하는 데 중요한 요소다.

챗GPT를 선두로 일상에 파고들어 온 생성형 AI로 인해 상당한 교육 환경 변화가 이어지고 학생의 학습 경험과 교사의 역할 모두가 획기적으로 바뀌고 있다. 대형 언어 모델(LLM)과 AI 에이전트가 학습 컨설턴트, 피드백 제공자, 창의적 협력자 등 다양한 기능에서 가능성을 보이며 교육 및 학습 과정에서 존재감을 드러내기 시작했다. 이로 인해 교사의 역할 역시 변화하고 있다.

또한 AI 디지털교과서, 학습 분석 시스템, 개별 맞춤형 학습 환경이 자리 잡기 위해서는, 이를 뒷받침할 사회적·물리적 환경이 반드시 필요하다. 강력한 네트워크 인프라와 학습 기기가 필수적인 요소가 되면서 학교 공간은 AI 학습을 효과적으로 운영하는 시스템을 강화하고 완비해야 한다. 특히 디지털 기반 교육 활동의 비중이 막대해지기 시작한 지금, 확장되는 학교 공간에서 AI 학습을 효과적으로 운영할 수 있도록 하는 디지털 환경의 체계적 관리와 완비는 모든 것에 앞서는 선결 과제라 볼 수 있다.

마지막으로, AI와 데이터 기반 교육이 교실에서 중요한 역할을 하게 되었지만 이것만으로 교육의 질이 높아지는 것은 아니다. 학생들의 학습을 설계하고 조정함으로써 새로운 공교육 환경에서 교육 목표를 온전히 달성하는 '보통의 디지털 교육'의 구현 여부가 교사에게 달려 있다. 기술과 교육의 본질을 조화롭게 결합하는 교사상이 무엇인지, 그리고 AI 기반 교육 환경에서 교사의 역할이 어떻게 변화하고 있는지에 대한 관심이 매우 높다.

이어지는 Part 2의 전문가 칼럼을 통해, 각 주제를 보다 정확하고 자세하게 파악할 수 있을 것이다. 칼럼을 읽으실 때 앞서 살펴본 AI 중심 에듀테크 업계 현황과 에듀테크 중점 요소들과의 연관성을 다시 한번 짚어보면 주제에 대한 더욱 넓고 깊은 이해에 이르실 수 있을 것이다. 이를 통해 디지털 교육의 변화 흐름을 보다 입체적으로 이해하는 기회가 되시기를 바란다.

Part **2**

DIGITAL EDUCATION
TREND REPORT 2025

한국 디지털 교육 트렌드
3대 주제, 10대 키워드

2022 개정 교육과정 속 AI 윤리와 바람직한 AI 시민성 교육

변순용 (서울교육대학교 윤리교육과 교수)

1. AI 시민성 교육의 필요

2. AI 윤리와 2022 개정 교육과정: 도덕과를 중심으로

3. AI 리터러시와 AI 역량: 기술 역량 그리고 윤리 역량

4. AI 윤리 기반, AI 시민성 교육 내용 제안

1. AI 시민성 교육의 필요

생성형 인공지능은 인간과 유사하거나 인간을 뛰어넘을 수 있는 지적 능력을 갖게 될 것이라 한다. 우리는 이러한 생성형 인공지능을 왜 필요로 할까? 왜 한쪽에서는 두려워 하고 있는 것을 다른 한쪽에서는 계속 개발하는 것일까? 생성형 인공지능의 등장으로 인해 촉발된 디스토피아적 관점을 경계하면서도 생성형 인공지능에 대한 유토피아적 전망에 가려 드러나지 않는 문제점을 살펴보아야 한다. 기술의 사용에 따르는 편리함이라는 장점 못지않게, 우리가 대가로 지불해야 할 비용이 무엇인지에 대해서도 물어야 한다.

   디지털 시대에 AI의 적용이 전 세계 곳곳으로 점점 더 스며들면서 모든 시민을 위한 AI 리터러시 함양이 점점 더 중요한 사회적 과제로 부각되고 있다. AI는 산업 전반에 걸쳐 중요한 역할을 하는 필수 기술이 되었고, 21세기의 가장 중요 기술이 되었으며, 최근 몇 년 사이에는 특히 분야를 막론하고 미래를 위한 핵심 기술로 주목받았다. AI가 가진 영향력은 점점 더 커지고 있다. 그렇지만 AI 시대라고 해도 AI가 인간을 대신해서 모든 작업을 스스로 설계하고 수행할 수는 없다. 언젠가는 특정 영역에서는 가능해질지도 모르겠지만 아직은, 아니 가까운 미래에도 AI는 결코 인간과 같은 수준의 메타적 판단력, 지적인 직관과 창의성을 지닐 수 없을 것이다.

   결국 AI가 일을 제대로 처리하려면 인간이 그보다 앞서 적절한 알고리즘을 선택해야 하고 결과를 해석하는 일을 해야 한다. 그리고 AI가 우리 대신 그 일을 더 잘 수행할 수 있을지 여부를 판단해 결정해 주어야 한다. 이처럼 우리가 이제껏 해 오던 일에 AI를 결합시킬 수 있어야 한다. 이렇게 하지 못한다면 우리는 디지털 문맹인이 될 확률이 높아질 것이고 생성형 인공지능을 알아야 한다는 강박증에 걸릴 가능성이 높아질 것이다. 따라서 학생들은 AI 기술을 현명하게 사용하는 방법과, 윤리적 및 비윤리적 활용을 분별하는 관점을 배워야 한다. 이 판단 능력을 갖춘 시민이 될 수 있도록 가르치는 것이 바로 AI 시민성 교육일 것이다.

2. AI 윤리와 2022 개정 교육과정: 도덕과를 중심으로

2022 도덕과 교육과정[11]의 내용체계와 성취기준에 제시된 AI 윤리 관련 내용을 살펴보고자 한다. 초등학교 교육과정의 24개 성취기준 중 하나로 AI 윤리가 제시되어 있으며 6학년 과정에서 다루어질 수 있다.

(타인과의 관계)

〔6도02-03〕 인간과 인공지능 로봇 간의 다양한 관계를 파악하고 도덕에 기반을 둔 관계 형성의 필요성을 탐구한다.

이 성취기준은 '타인과의 관계' 영역에 해당하는 것으로, AI 로봇과 인간의 관계를 중심으로 다룸으로써 AI 윤리의식을 초등학생에게 친숙한

방식으로 다루고자 하였음을 알 수 있다. AI 윤리가 초등학생에게 다소 익숙하지 않고 어렵게 느껴질 수 있는 주제이나 AI 로봇이라면 게임, 만화, 영화 등에서 쉽게 볼 수 있고 학생들이 어린 시절부터 상상하기 쉬운 소재이기 때문에 초등학교 교육과정에서 다루기에 적절할 것이다.

중학교의 경우에는 '타인과의 관계' 영역에 다음과 같은 성취기준을 두어 가상공간과 사회 · 공동체와의 관계를 고려하면서 과학기술 윤리를 다룰 수 있도록 함으로써 AI 윤리와의 연결점을 간접적으로 유지하고 있다. 기존 교육과정에서 온라인 세상이나 사이버 세상 같은 용어로 다루어지던 내용을 시의성을 고려해 강화, 수정하여 온라인 공간이나 메타버스와 연관되는 가상공간의 윤리를 다루게 될 것으로 보인다.

> **(타인과의 관계)**
> 〔9도02-03〕 가상공간과 현실 세계에 대한 비교 · 분석을 바탕으로 가상공간에서 발생하는 도덕 문제들의 원인과 해결 방안을 제안하고, 타인을 존중하며 가상공간을 활용하는 태도를 함양한다.

이 성취기준 해설에서는 가상공간과 현실세계를 비교하고 가상공간의 도덕적 문제의 원인과 해법을 탐구하도록 하여 일상화된 가상공간을 올바르게 활용하기 위한 디지털 문해력 함양을 지향한다고 하였다.

---

1) 교육부, 도덕과 교육과정, 교육부 고시 제2022-33호 [별책 6]

이는 기존의 교육과정이나 교과서에서, 사이버 공간에서 발생하는 문제, 온라인 중독, 스마트폰 중독 등의 내용을 다루었던 부분인데 기존과 비교했을 때 AI 윤리를 직접적으로 다루는 성취기준으로는 볼 수 없다. 다만 기술 발전으로 일시적으로 대두되었던 메타버스에 대한 내용 혹은 디지털 문해력을 다루면서 AI 윤리가 간접적으로 연결될 수 있다.

한편 '사회 · 공동체와의 관계' 영역에서는 현대 과학기술의 윤리적 쟁점에 대해 다루며 과학기술 윤리를 책임 의식 중심으로 다루고 있다. 이역시 AI 윤리가 직접적으로 언급되지는 않았지만 간접적 연관성을 찾을수 있는 성취기준으로 내용은 다음과 같다.

(사회 · 공동체와의 관계)
〔9도03-07〕현대 과학기술과 관련된 윤리적 쟁점의 분석을 통해 과학기술의 유용성과 한계를 인식하고, 과학기술의 바람직한 활용에 관한 관심과 책임 의식을 기른다.

과학기술과 사회와의 관계를 다루는 이 성취기준은 혁신적 과학기술이 새롭게 등장함에 따라 기존의 윤리로 대처하지 못하는 새로운 장면이 발생되는 것을 중심으로 과학기술과 관련된 윤리적 쟁점들을 다루고자한다. 이 성취기준으로 AI와 관련된 윤리적 쟁점에 대해 다룰 수 있지만 성취기준 해설에 따르면 유전자 변형, 생명공학, 빅데이터 등 여러 가지 기술에 대한 윤리적 쟁점을 다루기 때문에 AI 윤리가 중심에 들어가지는 못할 것으로 보인다.

그러나 고등학교 선택교육과정에서는 중학교와 달리 AI 윤리를 교육 과정에 적용하기 위해 새로운 내용을 추가하였으며 보다 직접적으로 AI 윤리에 대해 다루고 있다. 고등학교 교육과정 중 '현대사회와 윤리' 과목 과 '윤리문제 탐구' 과목은 AI 윤리와 연관되는 내용을 별도 편성하고 있 으며 각 영역에서 AI 윤리와 관련된 성취기준들을 찾아 볼 수 있다. 먼 저 '현대사회와 윤리' 과목을 보면 교육과정의 '목표'에 AI와 과학기술 윤 리에 관한 내용이 기술되어 있다.

> **(선택과목 '현대사회와 윤리'의 '목표' 중)**
> (3) 뉴미디어, 인공지능 등 과학기술의 연구와 성과에 대해 비판적으로 성 찰하여, 윤리적으로 정당화가 가능한지를 탐구할 수 있는 역량을 함양한다.

이 교육과정 목표를 보면 뉴미디어나 AI와 같은 새로운 과학기술에 과잉 의존하지 않고 정당하게 비판하며 윤리적으로 올바르게 활용하기 위한 역량 함양을 목적으로 삼고 있다. 생성형 AI의 출시와 AI 기술의 발전으로 면접, 감시, 판단, 자료 정리, 민원 대응, 단순 업무 처리, 연락 업무, 과제물 작성, 영상 및 음성 생성, 그림이나 음악과 같은 작품 만들 기 등 많은 곳에 AI 기술이 사용되고 있고 활용 영역이 확대되어 가고 있 는 추세인데 이러한 활용의 양상이 윤리적으로 정당화가 가능한 것인지 에 대해 비판적으로 사고할 수 있는 역량을 기르는 것을 핵심 목표로 두 고 있는 것으로 보인다. 관련 내용 체계와 성취기준은 다음과 같다.

(3) 과학과 디지털 학습 환경 윤리

핵심 아이디어	·현대에는 개인과 사회에 대한 과학기술의 영향력이 커짐에 따라 과학기술의 연구 윤리와 사회적 책임이 더욱 중요하다. ·정보사회에서 정보통신 기술의 발달로 인해 발생하는 다양한 윤리문제를 해결하기 위해서는 정보윤리뿐만 아니라 미디어 문해력을 바탕으로 한 미디어 윤리의 함양이 필요하다. ·인공지능의 연구와 활용에 대한 윤리적 탐구는 인공지능 기술로 인해 발생할 수 있는 윤리문제를 예방하고 인공지능 기술의 바람직한 활용을 도울 수 있다.
구분 범주	**내용 요소**
지식·이해	1. 과학기술 연구의 학문적 자유와 사회 책임은 어디까지인가? 　·과학기술의 가치 중립성 논쟁 　·과학기술의 사회적 책임 2. 정보윤리와 미디어 문해력의 필요성과 역할은 무엇인가? 　·정보사회의 특징과 윤리적 쟁점 　·뉴미디어 사회의 특징과 윤리적 쟁점들 3. 인간의 삶을 위한 윤리적 인공지능의 의미와 윤리적 쟁점은 무엇인가? 　·인공지능과 인간의 관계 　·인공지능의 윤리적 쟁점
과정·기능	·윤리적 관점에서 비판하기 ·윤리적 관점에서 정당화하기 ·윤리적 관점에서 실천 방안 제안하기
가치·태도	·자유와 책임, 존중의 자세 ·존엄성과 자율, 유용성을 균형 있게 중시하는 태도

[12현윤03-01] 과학기술 연구에 대한 다양한 관점을 조사하여 비교·설명할 수 있으며 이를 과학기술의 사회적 책임 문제에 적용하여 비판 또는 정당화할 수 있다.

[12현윤03-02] 정보통신 기술과 뉴미디어의 발달에 따른 윤리 문제들을 제시할 수 있으며 이에 대한 해결 방안을 정보윤리와 미디어 윤리의 관점에서 제시할 수 있다.

[12현윤03-03] 윤리적인 인공지능을 위하여 인간과 인공지능의 관계를 설명하고, 인공지능으로 인해 발생하는 윤리 문제의 해결 방안을 인공지능 윤리의 관점에서 제시할 수 있다.

이 성취기준을 보면 [12현윤03-01]과 [12현윤03-02]의 경우 AI 윤리와 간접적으로 연결되며 기존 교육과정에서의 과학기술과 사이버 세상에 대한 윤리 문제를 다루는 부분이다. 이번 교육과정에서 추가된 AI 윤리의 문제는 [12현윤03-03]에 구체화되어 있으며 이 성취기준에서는 AI와의 관계, AI로 인해 생길 수 있는 윤리적 문제에 대해 구체적으로 다루고자 하고 있다. '성취기준 적용 시 고려사항'에 따르면 인간과 AI의 관계를 긍정적 관점이나 부정적 관점, 또는 도구적인 관점으로 고정하지 않고 학생들이 다양한 관계를 스스로 설정하면서 AI 문해력과 윤리 문제에 관심을 갖게 하여, 교육과정을 편향되지 않게 구성하고자 했음을 알 수 있다.

다른 선택과목인 '윤리문제 탐구'에서도 AI 윤리가 목표에 직접적으로 언급되어 있다.

(선택과목 '윤리문제 탐구'의 '목표' 중)
(3) 디지털과 인공지능 기술의 적용에 따른 윤리적 딜레마를 탐구하여 바람직한 활용 방안을 모색한다.

'윤리문제 탐구' 과목은 과목의 특성상 사회적으로 발생할 수 있는 윤리적 문제와 그 문제에 대한 윤리적 딜레마를 다루는 과목인 만큼 디지털 기술과 AI 기술이 사회적으로 사용될 때 일어날 수 있는 윤리적 고민을 딜레마로 풀어 방안을 탐색하도록 하는 것이 중심임을 목표에 언급하였다. '윤리문제 탐구' 과목도 AI 윤리를 '인공지능 시대의 삶과 윤리적 탐구'라는 별도의 영역으로 따로 다루면서 AI 윤리에 대해 직접적으로 깊게 다루려고 하고 있다. 이 영역의 내용 체계는 다음과 같다.

(3) 인공지능 시대의 삶과 윤리적 탐구

핵심 아이디어	·실제처럼 다양한 활동을 할 수 있는 메타버스에 대한 윤리적 고찰이 필요하다. ·빅데이터와 알고리즘의 편향성 문제를 해결하려면 사회적 책임성과 공정성을 확보해야 한다. ·인공지능 활용의 윤리적 딜레마를 극복하기 위한 윤리적 성찰이 요구된다.
구분 범주	내용 요소
	1. 메타버스는 유토피아인가? 디스토피아인가?

지식·이해	· 메타버스의 특징에 대한 윤리적 탐색 · 메타버스에서의 윤리문제 해결 방안 2. 빅데이터와 알고리즘의 윤리문제를 어떻게 해결할 것인가? · 빅데이터와 알고리즘의 편향성 문제 · 사회적 책임과 공정성의 확보 방안 3. 인공지능 관련 윤리문제를 어떻게 해결할 것인가? · 인공지능 활용의 윤리적 딜레마 · 인공지능의 바람직한 활용 방안
과정·기능	· 메타버스에 관한 다양한 관점 분석하기 · 빅데이터와 알고리즘 관련 문제 사례 탐구하기 · 인공지능 활용의 윤리적 딜레마를 토론하고 바람직한 지침 개발하기
가치·태도	· 메타버스에서의 윤리문제에 대한 민감성 · 사회적 책임과 공정성 추구 · 인공지능 관련 윤리문제 해결을 위한 협력과 참여

빅데이터, 알고리즘, AI 활용 등 AI와 관련되어 있는 윤리적 문제를 핵심 아이디어로 다루고 있다. 이를 기반으로 한 내용 요소들을 보면 앞두 기준에서는 메타버스와 빅데이터, 알고리즘의 문제에 대해 먼저 분석하고 사례를 탐구하여 마지막에 AI 윤리의 윤리적 딜레마 토론을 하여 바람직한 지침을 개발할 수 있도록 구성하고 있다. 이 내용 체계로 구성된 단원에서는 AI 기술로 인해 생기는 여러 가지 기술과 관련하여 일어날 수 있는 사회적 문제를 전체적으로 모은 뒤 AI 윤리를 주제로 하는 딜레마 토론이 이어질 것으로 생각된다. 이러한 내용을 구체화하기 위한 성취기준은 다음과 같다.

〔12윤탐03-01〕 메타버스의 특징을 윤리적 관점에서 탐색하고, 메타버스에서 발생할 수 있는 윤리문제의 해결 방안을 제시할 수 있다.
〔12윤탐03-02〕 빅데이터와 알고리즘의 편향성으로 인한 윤리문제를 인식하고 사회적 책임과 공정성의 관점에서 해결 방안을 탐구할 수 있다.
〔12윤탐03-03〕 인공지능 활용 시 발생할 수 있는 윤리적 딜레마에 대해 토의하고, 인공지능의 바람직한 활용 방안을 제시할 수 있다.

이 성취기준을 보면 먼저 메타버스와 빅데이터 알고리즘으로 인해 나타날 수 있는 사회적 문제와 윤리적 문제를 먼저 다루어 보고 마지막으로 앞 성취기준에서 파악한 문제점들에 대해 AI 윤리에 관한 딜레마 토의를 진행하여 AI의 올바른 활용 방안을 도출하고자 한다. AI 기술로 인해 발생할 수 있는 윤리적 문제를 중학교에 비해 좀 더 구체적이고 직접적으로 다루고 있음을 알 수 있다.

3. AI 리터러시와 AI 역량: 기술 역량 그리고 윤리 역량

리터러시만큼 다양한 분야에 활용되는 단어는 많지 않다. 미디어 리터러시, 디지털 리터러시, 데이터 리터러시, 정보 리터러시, 컴퓨터 리터러시 및 AI 리터러시 등 새로운 조어로 확장되며 리터러시 개념의 폭은 계속 넓어져 왔다. 언어영역에서의 리터러시는 읽고, 말하고, 쓸 수 있는 능력으로 정의될 것이다. 그러나 시로 영역을 한정한다면 리터러시는 시가 무엇인지 알고, 읽고, 이해할 수 있는 능력으로 정의될 것이다. 이처럼 리터러시라는 용어는 그 영역의 성격에 따라 상대적으로 규정될 수밖에 없다. 그렇다면 AI 영역에서의 리터러시는 무엇일까? AI 리터러시는 "AI가 할 수 있는 것과 AI가 작동하는 데 필요한 것들을 알며, AI가 인간과 사회에 미칠 수 있는 윤리적 영향을 고려하여 AI를 일상생활 및 직업활동에서 사용할 수 있는 능력[2]"이다.

즉 AI 역량은 '기술(Technical) 요소'와 '윤리(ethical) 요소'로 구성된다고 볼 수 있다. 기술요소는 데이터, 알고리즘, 모델링으로 구성되는데[3], 데이터를 사용한다는 것은 인공지능을 활용하여 문제를 해결하기 위해 일상생활 속에서 수집 가능한 정형 및 비정형 자료의 올바른 사용을 의미한다. 알고리즘 적용이란 인공지능을 활용하여 문제를 해결하기 위해 데이터를 입력하고 처리하여 결과를 출력하는 일련의 절차를 의미한다. 모델 활용은 문제를 해결하기 위하여 데이터와 알고리즘을 기반으로 인공지능을 활용하는 과정을 의미한다. 따라서 AI 기술역량이라고 하면 데이터 사용역량, 알고리즘 적용 역량, 모델링 활용 역량으로 구성된다.

한편 AI 윤리역량은 인지적, 비판적, 창의적 윤리역량으로 구성된다[4]. 세 가지 윤리역량의 의미는 다음 표와 같다.

---

2) 변순용 외(2022), 미래세대 AI소양 함양을 위한 교원의 AI교육 역량 강화 방안 연구보고서, 한국과학창의 재단. p. 131.
3) 상동. p.133.
4) 상동. p37.

구분	의미
인지적 윤리역량 (Cognitive EC)	인지적 AI 윤리역량은 AI 또는 AI 교육과 관련된 직접적 혹은 간접적 문제를 인식할 수 있는 능력을 의미함.
비판적 윤리역량 (Critical EC)	비판적 AI 윤리역량은 AI 또는 AI 교육과 관련된 윤리적 문제를 생활과 관련하여 파악할 있는 능력을 의미함.
창의적 윤리역량 (Creative EC)	창의적 AI 윤리역량은 AI 또는 AI 교육과 관련된 윤리적 문제를 해결할 수 있는 능력을 의미함.

인지적 윤리역량(Cognitive EC)은 AI 또는 AI 교육과 관련된 '직접적 혹은 간접적 문제를 인식할 수 있는 능력'으로 정의한다. 비판적 윤리역량(Critical EC)은 이런 문제들 가운데 '윤리적 문제를 생활과 관련하여 파악할 수 있는 능력'이며 창의적 윤리역량(Creative EC)은 이 '윤리적 문제들을 해결할 수 있는 능력'이다. 인지적, 비판적 윤리역량은 상호보완적인 관계를 유지하면서 창의적 윤리역량이 잘 형성될 수 있도록 지원하는 관계를 이루는 구조이다.

4. AI 윤리 기반, AI 시민성 교육 내용 제안

전 세계에서 발표된 다양한 인공지능 윤리 가이드라인 내용으로부터 AI 역량과 AI 시민성의 요소를 추출하고 이 요소를 AI 시민성 교육의 주요 내용요소로 채택할 수 있다. AI 시민성 교육은 넓게는 디지털 시민성 교육의 범주에 속하겠지만 기존의 인터넷 중심 디지털 사회와 AI 기반 디지털 사회의 질적인 차이를 고려해 본다면, 디지털 시민성 교육으로부터 AI 시민성 교육으로의 '전환'이 시급하다 볼 수 있다. AI 시스템이 하드웨어와 소프트웨어 수준을 넘어 모든 플랫폼 자체를 크게 변화시키고 있기 때문이다. AI 시스템의 등장으로 인해 시민들이 새롭게 갖춰야 할 역량이나 가치관이 무엇인지 변별하고, AI 시스템이 본격적으로 가동될 미래 사회에서 발생할 수 있는 다양한 사회 문제에 해결책을 찾고 대안을 결정하는 능력을 길러 주는 AI 시민성 교육이 필요하다.

AI 시민성 교육에서 강조해야 하는 능력의 예는 다음과 같다. 우선 인간과 AI의 상호작용에서 인간의 존엄성과 자율성이 존중될 수 있도록 AI 시스템과 운용을 관리하는 능력. 둘째, AI 시스템이 인간에게 미칠 수 있는 해악을 사전에 최대한 예방하고 사후에는 그러한 AI 시스템의 개발, 제작, 관리, 사용에 대한 책임을 묻고 치유하는 능력. 셋째, AI 시스템의 설명 가능성을 사회가 제도적으로 보장할 수 있는 절차와 기준으로 정립할 수 있는 능력. 넷째, 데이터의 편향성과 이로 인한 편견의 문제를 의식하고 여기에서 생길 수 있는 불평등의 문제를 해결할 수 있는 공정성의 능력을 들 수 있다. 끝으로 인간들끼리의 인간적 소통을 떠나 인간과 기계의 기계적 소통에 과의존하거나 과몰입하지 않고 균형성을 추구하는 휴머니즘적 능력도 필요할 것이다.

다가올 미래 사회는 우리가 겪어온 사회와는 매우 다른 예측 불허의 새로운 사회라고 보아야 한다. 2016년 다보스 포럼 이후 4차 산업 혁명은 이론적으로만 존재하는 것이 아니라 현실적으로도 확실하게 다가온 분명한 미래로 자리 잡았다. 알파고와 챗GPT의 사례에서 알 수 있듯이 우리는 AI 기술의 도입과 그에 따른 사회 변화에 점점 더 직면하고 있다. AI와 휴머노이드 로봇의 활용은 이미 현실이 되었다. AI가 사회에 미칠 영향력은 디지털 기술이 산업 사회에 가져온 영향보다 훨씬 클 것으로 생각된다. AI 기술의 급속한 발전으로 인한 사회 구조의 변화는 시민 사회에 다양한 영향을 미치고 있으며 학교 교육 분야 또한 혼란을 겪고 있다. AI 시민성 교육이 필수인 이유다.

가까운 미래에 학생들이 자라서 어른이 되면 AI 기술은 지금보다 더 보편화되어 사회에 큰 영향을 미치고 AI 시스템은 우리 삶의 모든 곳에 있을 것이다. AI 기술로 인해 많은 일자리가 사라지고 새로운 일자리가 생길 것이다. 지금 뛰어난 기능을 가진 사람들이 미래에는 뛰어난 재능으로 우대받지 못할 것이다. 따라서 교육은 산업 사회 중심에서 벗어나 미래 세대의 삶의 근간을 위한 교육으로 초점을 바꾸어야 한다. 그러나 지금의 교육은 직업 교육과 기술 교육에 중점을 두고 산업적으로 더 효율적이고 취업에 효과적이며 많은 부가가치를 창출하는 커리큘럼에 머물러 있는 것 같다. 이러한 상황을 극복하기 위해 교육은 기술 중심이 아니라, AI의 올바른 활용과 AI 시대에의 적응력을 포함한 역량 기반의 AI 시민성 교육을 강조해야 한다. 특히 학교교육에서 강조해야 한다.

맞춤형 교육의 이상과 현실, 새로운 가능성

: 학습분석과 AI

도재우 (공주교육대학교 교육학과 교수)

1. 맞춤형 교육이라는 오래된 이상
2. 학습분석, 결정적 전환점의 등장: 3대 핵심 요소와 네 가지 유형
3. 우리 공교육에서의 학습분석 활용 현황과 과제
4. AI 기술이 여는 맞춤형 교육의 새로운 지평
5. 디지털 기술 활용 맞춤형 교육의 사례들
6. 맞춤형 교육과 교사의 역할

1. 맞춤형 교육이라는 오래된 이상

교육의 역사에서 '맞춤형 교육의 제공'은 교육적 이상이자 목표로 다뤄져 왔다. 이는 최근의 첨단기술 발전이나 AI 디지털교과서 도입 논의 등으로 인해 새롭게 제기된 과제가 아니다. 교육학 연구실와 교실 현장에서는 개별 학습자의 특성과 필요에 부응하는 맞춤형 교육을 실현하고자 오랫동안 노력해 왔다.

맞춤형 교육을 위한 교육계의 노력은 1950년대 크론바흐(Lee Cronbach)의 적성−처치 상호작용(Aptitude−Treatment Interaction)[1], 1960년대 후반 블룸(Benjamin Bloom)의 완전학습(Mastery Learning)[2] 이론에서부터 그 체계적인 모습을 찾을 수 있다. 특히 블룸의 경우 전통적 교실에서 학습자들이 학습 목표를 달성하지 못하는 근본적 원인이 모든 학생에게 동일한 학습 시간과 속도를 강요하는 획일화된 시스템에 있다고 지적했다. 그는 개별 학습자에게 적합한 학습 환경과 조건이 주어진다면 대부분의 학습자가 높은 수준의 학업 성취에 도달할 수 있다고 주장했다. 블룸의 완전학습 모형은 학습 목표의 명확한 설정, 형성평가를 통한 학습 진단, 그리고 개별 학습자의 필요에 맞는 보충 또는 심화 학습 제공이라는 세 가지 핵심 요소로 구성되어 있는데 이는 오늘날 추구하는 맞춤

---

1) Cronbach, L. J. (1975). Beyond the two disciplines of scientific psychology. American Psychologist, 30(2), 116−127.
2) Bloom, B. S. (1968). Learning for mastery. Evaluation Comment, 1(2), 1−12.

형 교육의 본질적 요소들과 일치한다. 즉, 개별 학습자의 현재 상태를 정확히 진단하고 그에 맞는 교육적 처방을 제공하며 충분한 학습 시간과 기회를 보장하는 것이다.

1970년대 켈러(Fred Keller)는 개별화된 학습체제(Personalized System of Instruction, PSI)[3]를 개발했다. PSI는 학습자가 자신의 속도에 맞춰 학습을 진행하고 완전한 습득이 이루어진 후에야 다음 단계로 진행하는 것을 특징으로 한다. 1984년에 이르러 바이스와 킹스버리(Weiss & Kingsbury)는 컴퓨터 적응형 테스트(CAT)[4]라는 개념을 제안하며 개별 학습자의 반응에 따라 실시간으로 문항의 난이도를 조정하는 시스템을 구상했는데 이는 Bloom과 Keller가 추구했던 맞춤형 교육의 이상을 기술적으로 구현하고자 한 시도였다. 비록 당시의 기술적 한계로 인해 완벽한 형태로 구현되지는 못했지만, 이는 맞춤형 교육에 대한 교육계의 오랜 갈망과 기술을 통한 실현 가능성을 보여 준 중요한 이정표였다.

이처럼 맞춤형 교육은 단순한 기술적 혁신의 산물이 아니다. 교육의 본질적 가치를 실현하기 위한 오랜 노력의 결과다. 최근의 AI와 학습분석 기술의 발전이 이러한 오랜 교육적 이상을 실현할 수 있는 새로운 가능성을 열어 주고 있다. 이제 우리는 '모든 학습자를 위한 맞춤형 교육'의 이상을 실현할 수 있는 기술적 기반을 갖추게 된 것이다.

2. 학습분석, 결정적 전환점의 등장
   : 3대 핵심 요소와 네 가지 유형

학습분석(Learning Analytics)의 발전이 맞춤형 교육의 실현에 있어 결정적인 전환점을 만들어 냈다. 2010년대 초반까지만 해도 교사들은 학생들의 학습 과정을 직관과 경험에 의존해 파악할 수밖에 없었지만 이제는 데이터에 기반한 과학적 분석이 가능해졌다. 이러한 변화가 어떻게 일어났는지, 그리고 이것이 맞춤형 교육에 어떤 의미를 갖는지 살펴보고자 한다.

학습분석은 학습자가 디지털 기반 학습 환경에서 학습하는 과정에서 생산하는 방대한 양의 학습 데이터를 수집·분석하여, 그 결과를 바탕으로 학습자에게 적합한 교수·학습을 처방하는 기술이다. 여기서 주목할 점은 학습 데이터의 수집, 분석, 그리고 처방이라는 세 가지 핵심 요소가 유기적으로 연결되어 있다는 것이다.

첫째, 학습 데이터 수집 측면에서 학습분석은 학습자가 학습 과정에서 의도적으로 남기는 데이터(예 과제 제출, 퀴즈 응시 결과)뿐만 아니라, 비의도적으로 남기는 흔적 데이터(예 학습 시간, 자료 접근 기록)까지 포괄적으로 수집한다. 둘째, 데이터 분석 측면에서 학습분석은 다양한 분석

3) Keller, F. S., Sherman, J. G., & Bori, C. M. (1974). PSI: The Keller plan handbook. WA Benjamin.,
4) Weiss, D. J., & Kingsbury, G. G. (1984). Application of computerized adaptive testing to educational problems. Journal of Educational Measurement, 21(4), 361–375.

기법을 활용하여, 수집된 데이터로부터 학습자의 학습 패턴을 파악하고 학습 성과를 진단하며 나아가 미래의 학습 결과를 예측하기도 한다. 이는 단순한 데이터 처리를 넘어 교육적 의미를 도출하는 과정이다. 셋째, 교수 · 학습 처방 측면에서 학습분석은 분석 결과를 바탕으로 각 학습자에게 최적화된 학습 경로와 방법을 제시한다. 이는 학습분석이 궁극적으로 추구하는 맞춤형 교육 실현을 위한 핵심 단계다. 이러한 학습분석은 데이터에 기반한 과학적 의사결정을 가능하게 함으로써 그동안 이론적으로만 강조되어 왔던 맞춤형 교육의 실현을 가능하게 하는 핵심 기술로 자리 잡고 있다.

학습분석 작동 방식을 이해하는 데는 자동차의 내비게이션 시스템과의 비교가 유용할 수 있다. 과거의 내비게이션이 단순히 종이 지도를 디지털화한 것이었다면 지금의 내비게이션은 실시간으로 데이터를 수집하고 분석하여 최적의 경로를 제시하는 지능형 시스템으로 발전했다. 이는 학습분석이 추구하는 방향과 매우 유사하다. 두 시스템은 모두 실시간 데이터를 기반으로 사용자에게 최적화된 경로를 제시한다는 점에서 유사한 작동 원리를 가지고 있다. 내비게이션이 실시간 교통데이터를 활용하여 목적지까지의 최적 경로를 안내하듯 학습분석은 학습 데이터를 활용하여 학습 목표 달성을 위한 최적의 학습 경로를 제시한다.

학습분석은 데이터 분석의 심화 수준에 따라 기술적, 진단적, 예측적, 지시적 분석의 네 가지 유형(수준)으로 살펴볼 수 있다. 이러한 학습분석 활용의 수준은 단순한 현상 기술에서 시작하여 원인 진단, 미래 예측을 거쳐 최종적으로 구체적인 처방을 제시하는 방식으로 데이터가 활용될 수 있음을 보여 준다.

기술적 분석은 '무엇이 일어났는가?'라는 질문에 답하는 가장 기본적인 단계이다. 이 단계에서는 학습자의 학습 활동과 관련된 객관적 사실을 있는 그대로 기술한다. 예를 들어 학습자가 특정 학습 자료에 얼마나 자주 접속했는지, 학습 시간은 얼마나 되는지, 과제 제출은 어떤 방식으로 이루어졌는지 등의 정보를 수집하고 정리한다. 이는 마치 일기예보에서 특정 시점의 기온, 습도, 풍속, 강수량 등의 기상 데이터를 객관적으로 측정하고 기록하는 것과 같다. 기상 관측소가 다양한 기상 요소들을 정확하게 측정하고 기록하듯이 기술적 분석은 학습 활동에서 발생하는 다양한 데이터를 객관적으로 수집하고 기록하고, 시각화하는 단계이다.

진단적 분석에서는 '왜 그런 일이 발생했는가?'를 탐구하는 단계로 발전한다. 기술적 분석에서 확인된 현상의 원인을 파악하고자 하는 것이다. 이 단계에서는 다양한 변수들 간의 관계를 분석하여 특정 학습 결과가 나타나게 된 원인을 규명한다. 예를 들어 학업 성취도가 낮은 학습자들에게서 발견되는 공통된 학습 패턴을 분석하거나, 특정 학습 자료가 효과적이었던 이유를 파악하는 것이 이에 해당한다.

예측적 분석은 '앞으로 무엇이 일어날 것인가?'를 예측하는 더욱 고도화된 단계이다. 이 단계에서는 과거와 현재의 데이터를 바탕으로 머신러닝 등의 기술을 활용하여 미래의 학습 결과를 예측한다. 예를 들어 현재의 학습 행동과 패턴을 분석하여 학기말 성적을 예측하거나 중도탈락의 위험이 있는 학습자를 조기에 식별하는 것이 가능하다. 이는 마치 기상청이 날씨 데이터를 분석하여 미래의 날씨를 예측하는 것과 유사한 원리이다.

지시적 분석은 '어떻게 하면 좋을까?'라는 질문에 답하는 가장 발전된 형태의 분석이다. 이 단계에서는 앞선 세 단계의 분석 결과를 종합하여 구체적인 행동 방안을 제시한다. 예를 들어 학습자의 현재 수준과 학습 스타일을 고려한 맞춤형 학습 자료를 추천하거나, 학습 목표 달성을 위한 최적의 학습 전략을 제안하는 것이 이에 해당한다. 이는 단순히 문제를 파악하고 예측하는 것을 넘어, 실제적 해결책을 제시한다는 점에서 가장 실용적인 분석 단계라고 할 수 있다.

3. 우리 공교육에서의 학습분석 활용 현황과 과제

현재 우리 공교육에서는 앞서 제시한 학습분석의 유형(수준) 가운데 어떠한 유형을 활용하고 있을까? 솔직하게 말하자면 가장 기본적인 수준인 기술적 분석을 가능하게 하는 기반조차 아직 마련되어 있지 않다고 말하고 싶다. 왜냐하면 학습분석의 기반이 되는 기본적인 데이터 수집 체계가 우리 공교육에는 아직 제대로 갖추어지지 못한 상황이기 때문이다[5].

2021년 제정된 〈디지털 기반의 원격교육 활성화 기본법〉[6]의 제19조에는 "학생의 성취수준을 향상시킬 수 있도록 하는 맞춤형 학습 지원"을 위해 교육시스템에 취득, 생산, 활용되는 데이터를 활용할 수 있다고 되어 있다. 학습분석이라는 단어를 직접 표현하고 있지 않지만 '학습과정에서 생산되는 학습 데이터를 학생들을 위한 맞춤형 교육을 위해 활용할 수 있다'는 메시지를 담고 있는 이 조항이 발표되었을 때, 맞춤형 교육과 학습분석을 연구하는 교육자로서 크게 환영했다. 하지만 현실적으로 우리 공교육에서 학생들의 학습 데이터를 수집 · 저장 · 활용하는 일은 아직 선언적 수준에 머물러 있으며 해결해야 할 과제들이 많이 남아 있다.

---

5) 이는 전국 단위 공교육 시스템 차원의 준비 상태를 지칭하는 것이다. 현재 개별 교사, 연구자, 교육기관 단위에서는 학습분석을 수업에 접목하려는 다양한 시도가 활발히 이루어지고 있다. 국가 수준에서도 EBS와 한국교육학술정보원(KERIS)이 교육데이터의 수집과 활용에 대한 노력을 지속해 오고 있다. 필자는 AI 디지털교과서의 도입이 가져올 여러 교육적 변화 중 하나로 공교육 현장에서의 체계적인 학습데이터 수집 및 분석 체계 구축 가능성에 주목하고 있다.
6) https://www.law.go.kr/법령/디지털 기반의 원격교육 활성화 기본법

리 말해, 실제 교육현장에서 체계적인 데이터 수집과 활용을 위한 구체적인 인프라나 시스템은 여전히 부재한 상황이다.

교육에서 데이터의 활용 가능성은 무궁무진하다. 학습자의 인지적 특성부터 정서적 상태까지, 학습 과정에서 발생하는 다양한 데이터들은 맞춤형 교육을 위한 귀중한 자원이 될 수 있다. 하지만 우리 공교육은 아직 이러한 데이터의 체계적인 수집을 가능하게 하는 기반이 마련되어 있지 않다. 이는 마치 귀중한 광물이 묻혀 있는 땅을 가지고 있으면서도, 그것을 캐낼 수 있는 도구조차 갖추지 못한 상황과 같다. 학교 현장에서 매일같이 발생하는 수많은 학습 데이터들이 체계적으로 수집되지 못한 채 사라지고 있는 것이다. 이는 디지털 기반의 맞춤형 교육 실현을 위한 가장 기본적인 토대가 아직 마련되지 못했음을 의미한다.

이러한 현실은 우리 교육이 디지털 전환 시대에 직면한 가장 근본적인 과제가 무엇인지를 보여 준다. 단순히 AI 디지털교과서의 도입이나 에듀테크 활용만으로 진정한 의미의 맞춤형 교육을 실현할 수 있는 것이 아니다. '모두를 위한 맞춤 교육'이라는 이상을 실현하기 위해서는 학습 데이터의 체계적 수집부터 분석, 활용에 이르는 전체적인 교육 인프라의 혁신이 필요하다. 교실에서 일어나는 교수·학습 활동이 의미 있는 데이터로 수집되고 이것이 개별 학습자를 위한 맞춤형 교육의 토대가 되는 체계를 구축해야 한다. 이는 단순한 기술 도입의 문제가 아닌, 교육의 본질적 가치를 디지털 시대에 맞게 재구현하는 과정이다. 더욱이 이러한 변화는 선택이 아닌 필수가 되어 가고 있다.

다만 학습분석을 위한 기술적·제도적 인프라 구축이 아직 부족하다고 해서 또는 학습분석 등의 용어가 낯설다고 해서 그 효과가 검증되지 않았다고 볼 수는 없다. 비록 우리 공교육 전체 차원에서 학습분석을 위한 기반 구축이 초기 단계에 머물러 있지만, 학습분석의 교육적 활용에 대한 연구와 실천적 노력은 꾸준히 이어져 왔기 때문이다[7]. 실제로 많은 교육 연구자들이 학습분석 플랫폼과 대시보드를 직접 개발하여 학생들의 맞춤형 학습을 지원하는 연구를 활발히 수행해 왔다. 이러한 연구들은 학습분석을 위한 데이터 수집 체계를 탐색하거나, 학습자의 학습 패턴을 시각화하여 보여 주거나, 학습 과정에서 발생하는 데이터를 기반으로 개별화된 피드백을 제공하는 등 학습분석의 실질적인 교육적 가치를 검증하는 연구를 누적해 왔다[8]. 비록 이러한 시도들이 아직 전체 공교육 시스템으로 확장되지는 못했지만 학습분석이 가진 교육적 잠재력과 효과성을 입증하는 중요한 증거가 된다.

즉 학습분석이라는 용어가 다소 생소하게 들린다고 그 교육적 효과가 아직 검증되지 않았다고 생각하는 것은 오류다. 지난 수년간의 연구와 실천을 통해 학습분석이 개별 학습자의 성장을 지원하는 강력한 도구가 될 수 있다는 것이 꾸준히 입증되어 왔다. 이제 우리에게 필요한 것은 이러한 검증된 교육적 가치를 공교육 전체로 확장할 수 있는 체계적 기반을 구축하는 일이다.

7) 손찬희 외 (2019). 온라인 학습분석 기반 맞춤형 교육지원 방안 연구. 한국교육개발원.
8) 도재우 외 (2022). 맞춤형 교육을 위한 교사의 학습분석 기반 대시보드 활용과 인식에 대한 연구. 한국교원교육연구, 39(4), 261–289.

4. AI 기술이 여는 맞춤형 교육의 새로운 지평

학습분석 외에도 최근 AI 기술의 발전이 맞춤형 교육의 실현 가능성을 획기적으로 높이고 있다. 특히 최근의 AI 기술들은 블룸의 완전학습 이론이 제시했던 '개별화된 교육적 처방'을 정교한 수준에서 구현할 수 있게 해 주고 있다. 맞춤형 교육을 위한 AI 기술 활용 동향을 간략하게 살펴보면 다음과 같다.

대규모 언어 모델(Large Language Models, LLM)이 맞춤형 교육에서 가장 혁신적인 변화를 가져오고 있다. GPT와 같은 최신 LLM은 자연어 이해와 생성 능력을 바탕으로, 개별 학습자와의 자연스러운 상호작용을 통한 학습 지원을 가능하게 한다. 예를 들어 학습자가 특정 개념을 이해하지 못했을 때, LLM은 해당 학습자의 이해 수준과 관심사에 맞춘 설명을 다양한 방식으로 제공할 수 있다.

머신러닝 기반의 지능형 튜터링 시스템(Intelligent Tutoring Systems)은 학습자의 학습 패턴을 분석하여 최적의 학습 경로를 제시한다. 지능형 튜터링 시스템은 이미 오래된 개념이지만 이 개념과 함께 강화학습(Reinforcement Learning) 알고리즘을 활용하면 학습자의 반응에 따라 교수 전략을 지속적으로 조정하는 지원을 가능하게 한다. 예를 들어 특정 유형의 설명이 학습자에게 효과적이지 않다고 판단되면 시스템은 다른 접근 방식을 시도하고 그 효과를 평가하여 최적의 교수 방법을 찾아간다.

컴퓨터 비전과 딥러닝을 활용한 감정 인식 AI는 학습자의 표정, 자세,

시선 등을 실시간으로 분석하여 학습 상태를 파악한다. 이는 단순한 학습 결과나 행동 데이터를 넘어, 학습 과정에서의 정서적 상태까지 고려한 맞춤형 지원을 가능하게 한다. 예를 들어 학습자가 내용의 학습에 어려움을 보이면 시스템은 즉시 난이도를 조정하거나 다른 형태의 설명을 제공할 수 있다.

자연어 처리(NLP) 기술의 발전은 학습자의 글쓰기나 답변에 대한 정교한 분석과 피드백을 가능하게 한다. 최신 NLP 모델은 단순한 문법적 오류 체크를 넘어, 논리의 흐름, 주장의 타당성, 개념의 이해도 등을 종합적으로 평가하고 개선을 위한 구체적인 제안을 제공할 수 있다.

최근 멀티모달 AI는 텍스트, 이미지, 음성, 동작 등 다양한 형태의 데이터를 통합적으로 분석하여 보다 전인적인 학습자 이해와 지원을 가능하게 한다. 예를 들어 학습자가 수학 문제를 풀 때, 시스템은 학습자의 필기 과정, 음성으로 표현하는 사고 과정, 문제 해결 시간 등을 종합적으로 분석하여 정확한 어려움의 원인을 진단할 수 있다.

기술의 발전 속에서 기술과 교육의 연계를 탐색하는 연구자와 개발자들은 새로운 기술의 교육적 활용을 지속으로 탐색해 오고 있다. 그리고 많은 기술이 맞춤형 교육의 실행을 위해 활용되고 있다.

5. 디지털 기술 활용 맞춤형 교육의 사례들

지금까지 맞춤형 교육의 실현을 가능하게 하는 기술과 그 의미에 대해 살펴보았는데 이 이론적 논의를 더욱 구체적으로 이해하기 위해, 교육 현장에서 실제로 이루어지고 있는 맞춤형 교육의 실천 사례들을 분석해 보고자 한다. 이를 통해 AI · 디지털 기술이 맞춤형 교육의 실현에 어떻게 기여하고 있는지를 보다 명확하게 파악할 수 있을 것이다. 다만 여기서 소개되는 사례들이 최첨단 AI 기술을 활용하는 사례는 아닐 수 있다. 하지만 이 사례들은 공교육 현장에서 AI와 학습분석 기술이 맞춤형 교육을 실현하는 데 어떻게 효과적으로 활용될 수 있는지를 보여 준다는 면에서 의미 있는 예라고 할 수 있다.

A 초등학교[9]

A 초등학교는 AI와 디지털 기술을 활용하여 학생 개개인의 특성에 맞는 맞춤형 교육을 실천하고 있다. 교사들은 디지털 대시보드를 통해 학생별 학습 데이터를 실시간으로 분석하고 있으며, 이를 통해 표면적으로는 수업을 잘 따라오는 것처럼 보이지만 실제로는 어려움을 겪고 있는 학생들을 조기에 발견하여 지원하고 있다. 영어 수업에서 디지털 기술은 학생들의 말하기, 읽기, 쓰기 활동 전반에서 활용되고 있는데 말하기에 어려움이 있는 학생들을 위해 AI 코스웨어의 더빙 기능을 활용하여 말하

기 표현을 연습하게 하고, 교실에서는 발표가 쉽지 않은 학생들이 기기를 통해 점진적으로 자신의 목소리를 낼 수 있도록 지원하고 있다. 또한 학습 수준에 맞는 맞춤형 읽기 자료를 제공하기 위해 표준화된 읽기 난이도 지수를 활용하여 학생들의 수준에 적합한 교재를 선택하고 있으며, 읽기 연습 프로그램의 AI 튜터 기능을 통해 학생들의 발음을 교정하고 독려하고 있다. 쓰기 영역에서는 OCR 기술과 연계된 학습분석 시스템을 활용하여 학생들의 손글씨 데이터를 수집하고 분석하여, 교사들이 각 학생의 쓰기 패턴과 문제점을 파악하고 맞춤형 지도를 할 수 있도록 지원하고 있다.

B 중학교[10]

B 중학교는 학습분석 기반 에듀테크와 AI 감정 분석 기술을 결합하여 데이터에 기반한 맞춤형 교육을 실천하고 있다. 학습분석 기반 에듀테크는 교사와 학생의 디지털 기기를 동기화하여 학습 데이터를 자동으로 수집하고 이를 통해 학생들의 학습 진도와 성취도를 실시간으로 추적하고 있다. 시스템은 수집된 데이터를 기반으로 학생들을 학습 속도와 성취도에 따라 네 가지 유형으로 자동 분류하여 교사의 의사결정을 지원하고

---

9) 교육부, 한국교육학술정보원(2024), DXE 브리프, 2024년 7월호.
10) 교육부, 한국교육학술정보원(2024), DXE 브리프, 2024년 11월호.

있다. 여기에 AI 감정 분석 기술을 추가로 도입하여 학생들의 자기성찰 일지에 표현된 감정을 자동으로 수치화하여 시각화하고 있다. AI는 텍스트에서 '불안', '좌절' 등의 부정적 감정을 식별하고 이를 워드클라우드로 변환하여 교사가 정서적 지원이 필요한 학생을 즉시 발견할 수 있도록 돕고 있다. 이러한 데이터 기반 의사결정 지원 시스템은 교사가 학생 개개인의 인지적, 정서적 상태를 종합적으로 파악하고 맞춤형 교육을 제공하는 데 의미 있는 역할을 하고 있다.

C 고등학교[11]

C 고등학교는 AI 기반 교수·학습 플랫폼과 수학 전용 코스웨어를 통합적으로 활용하여 맞춤형 수학 교육을 실천하고 있다. 교사가 수업을 진행하는 동안 학생들은 교과서 문제 풀이 결과를 '스스로 채점하기' 시스템에 입력하고, 이 데이터는 즉시 학습분석 엔진으로 전송되어 개인별 학습 패턴과 취약점을 분석하고 있다. AI 알고리즘은 이 분석 결과를 바탕으로 빨간색(취약)과 초록색(강점) 네모로 시각화된 유형별 진단을 제공하며 각 학생의 수준과 학습 이력에 맞는 맞춤형 문제와 학습 자료를 자동으로 추천하고 있다. 학생들은 AI가 제공하는 '유형 분석' 결과를 통해 자신의 학습 상태를 구체적으로 파악하고, 'AI 레벨업 학습' 시스템을 통해 단계별 맞춤형 문제를 해결하면서 취약점을 보완하고 있다. 특히 '그린 챌린지(Green Challenge)' 기능은 AI가 분석한 취약 유형에 대한 반복 학습을 제공하여 학생들의 성취도 향상을 지원하고 있으며, 디지털

학습 상담 시스템을 통해 교사는 실시간 분석 데이터를 기반으로 개별 학생에게 즉각적인 맞춤형 피드백을 제공하고 있다.

6. 맞춤형 교육과 교사의 역할

디지털 전환 시대의 맞춤형 교육은 이제 단순한 이상이나 가능성의 차원을 넘어, 구체적인 실현의 단계로 접어들고 있다. 미국 교육부(U.S. Department of Education, 2023)[12]에서 발표한 최신 보고서에 따르면, AI 기술의 도입으로 교사의 수업 준비 시간이 평균 11시간에서 6시간으로 단축되었다고 한다. 이것이 중요한 것은 기술 활용으로 확보된 시간이 개별 학습자와의 의미 있는 상호작용 나아가 맞춤형 교육을 위한 실천에 투자될 수 있기 때문이다.

이러한 변화에 대해 우리가 주목해야 할 것은 기술 그 자체가 아니라 기술이 실현할 수 있게 해 주는 교육적 가치이다. 블룸이 1960년대에 제시했던 완전학습의 이상, 즉 모든 학습자가 충분한 시간과 적절한 지원을 받는다면 높은 수준의 학습 목표에 도달할 수 있다는 신념이 이제 기

---

11) 교육부, 한국교육개발원(2023), DXE 브리프, 2023년 12월호.
12) U.S. Department of Education, Office of Educational Technology(2023), Artificial Intelligence and Future of Teaching and Learning: Insights and Recommendations, Washington, DC.

술적으로 실현 가능해진 것이다.

그러나 이러한 가능성이 현실이 되기 위해서는 교육 데이터의 수집과 활용을 위한 기술적·제도적 인프라 구축, 데이터 활용에 대한 윤리적 프레임워크 마련, AI·학습분석 기반 교수·학습 도구의 개발 및 보급과 같은 중요한 과제들을 해결해야 한다. 특히 이 과정에서 발전하는 기술과 교육적 전문성의 유기적 결합에 대한 노력이 필요하다. 학습 데이터가 제공하는 통찰을 교육적 맥락에서 해석하고 의미 있는 처방으로 전환하는 바로 여기가 여전히 교사의 전문성이 필요한 영역이다. 기술은 교사를 대체하는 것이 아니라, 교사의 전문성을 확장하고 강화하는 방향으로 활용해야 한다.

결국 맞춤형 교육의 미래는 '기술이 교육을 어떻게 바꿀 것인가'가 아니라 '우리가 기술을 어떻게 활용하여 더 나은 교육을 만들어 갈 것인가'라는 질문에 달려 있다. 수십 년 전부터 교육자들이 꿈꾸었던 이상인 맞춤형 교육이 기술의 발전으로 인해 실현 가능해진 지금, 우리에게 필요한 것은 교사의 전문성과 기술의 가능성을 조화롭게 융합하는 지혜다. 이는 단순히 기술을 도입하는 것을 넘어, 각 학습자의 잠재력을 최대한으로 끌어올릴 수 있는 교육적 실천을 의미한다.

데이터 리터러시, 교사와 학습자를 잇는 새로운 교육의 언어

: 데이터로 읽고 설계하는 학습자 중심 수업

신승기 (서울교육대학교 정보교육과 교수)

1. 교사의 소양으로 자리 잡은 데이터 리터러시
2. 데이터 리터러시로 함양되는 '디지털 소양': 학습자와 교사 관점에서
3. 데이터 기반 학급 경영과 맞춤형 학습 설계: 세 가지 사례
4. 데이터 너머, 데이터 시각화와 컴퓨팅 사고력의 교육적 가치
5. 제언: 데이터 기반 학교 교육과정 설계를 위한 3Ds 모델

1. 교사의 소양으로 자리 잡은 데이터 리터러시

디지털 전환이 교육의 많은 부분을 변화시키고 있다. 데이터가 중심이 되는 사회에서 데이터는 교육에서도 교사와 학습자의 관계를 새롭게 정의하고 있다. 데이터 리터러시는 단순한 기술적 능력을 넘어 학습자를 깊이 이해하고 학습의 질을 높이기 위한 교육 분야의 소양 중 하나로 자리 잡게 되었다.

오늘날 데이터는 모든 의사결정에서 근거로 활용된다. 교육에서도 학습자의 행동, 성취도, 참여도 데이터는 단순한 기록을 넘어 학습 상황과 요구를 파악하는 중요한 자료이며, 기존의 경험적이고 직관적인 방식의 의사결정을 넘어 근거 중심의 객관적 교육 활동을 가능하게 한다.

데이터 중심 사회로의 전환은 전 세계적인 교육 패러다임의 변화를 요구하고 있다. 데이터 리터러시는 단순히 데이터를 읽고 이해하는 것을 넘어 데이터를 분석하고 문제 해결에 활용하는 능력으로 정의되고 있으며, 학생과 교사 모두에게 요구되는 필수적 역량으로 자리 잡았고 학교에서는 이를 반영한 교육 모델을 도입하고 있다.

미국에서는 데이터 리터러시를 국가적 차원에서 강조하고 있다. 미국 국가교육통계센터(National Center for Education Statistics, NCES) 산하 국가 교육 통계 포럼(National Forum on Education Statistics)에서 발간한 〈Forum Guide to Data Literacy (NFES 2024−079)〉 보고서에 따르면 데이터 리터러시(Data Literacy)가 K−12 교육 단계에서 모든 교과에 통합되

어야 한다고 제안한다[1]. 특히 미국의 일부 주에서는 고등학생들이 데이터를 활용한 프로젝트 기반 학습(PBL)을 통해 실질적인 문제를 해결하는 사례가 늘어나고 있다. 캘리포니아의 학교에서는 학생들이 지역의 대기 오염 데이터를 수집하고 분석하여, 오염원 감소를 위한 정책 제안을 작성하는 프로젝트를 진행했다[2]. 이는 데이터 리터러시를 실생활에 연결시키는 데 중점을 둔 활동이다.

유럽연합(EU)은 디지털 역량을 강화하기 위해 〈디지털 교육 행동 계획(Digital Education Action Plan)〉을 수립했다. 이 계획은 학생들이 데이터 분석 도구를 활용해 학습 활동을 심화하고, 데이터를 기반으로 한 협력적 문제 해결 과정을 경험하도록 권장한다. 핀란드에서는 데이터 리터러시가 초등학교 수학 및 과학 교육 과정에 포함되어 있다. 일례로 학생들이 날씨 데이터를 수집하고 그래프로 표현한 뒤, 기후 변화의 영향을 분석하는 활동이 있다. 이러한 활동은 데이터 리터러시를 환경 문제와 같은 글로벌 이슈와 연결하여 학습 활동을 지원하는 데 초점을 두고 있다.

이러한 변화 속에서 교사의 역할은 지식 전달자에서 데이터를 활용해 학습 설계와 맞춤형 교육을 제공하는 학습 설계자로 전환되고 있다. 데이터를 활용하면 학생들이 학습활동에서 겪는 어려움을 발견하고 이를 해결하기 위한 구체적인 조치를 취할 수 있다. 만약 데이터를 통해 학생들이 특정 주제에서 어려움을 겪고 있다는 사실을 파악했다면, 데이터를 기반으로 수업 방식을 조정하거나 보충 자료를 제공하여 즉각적인 문제 해결이 가능하다.

데이터 리터러시는 특히 학습자 중심 교육 실현을 위한 필수 역량으로 자리 잡고 있다. 데이터 분석으로 학생의 강점과 약점을 객관적으로 이해하고, 학습 내용을 개인화하여 제공함으로써 학습자의 참여도를 높이고 학습 격차를 줄일 수 있다. 수업 과정에서 학습자의 성취도를 평가하기 위해 수행되는 형성평가 또는 과정 중심 평가에서 데이터를 활용하여 학습 상태를 점검하고 피드백을 제공하여 학습 효과를 높일 수 있다.

한편 데이터 활용에는 윤리적 책임이 수반된다. 데이터를 수집하고 활용하는 과정에서 학습자와 학부모의 동의를 얻고, 데이터의 사용 목적을 명확히 알리며, 안전하게 저장하고 불필요하게 사용하지 않아야 한다. 이러한 신뢰 기반의 데이터 활용은 교사와 학습자 간의 관계를 강화하며 교육 효과를 높일 수 있는 중요한 요소가 될 수 있다.

데이터를 읽고 분석하며 활용하는 데이터 리터러시는 미래 교육에서 더욱 중요한 역할을 할 것이다. 데이터는 의사결정을 돕는 도구를 넘어 학습자의 성장과 교육 혁신을 가능하게 하는 열쇠로서 학습자는 자신의 학습 여정을 더 효과적으로 이해하고 참여할 수 있고, 교사는 교육 환경을 개선하며 학습 효과를 증대시킬 수 있도록 해 주기 때문이다.

1) https://nces.ed.gov/Pubs2024/NFES2024079.pdf
2) https://www.cert.ucr.edu/news/2019/05/21/ce-cert-partners-local-high-school-students-
   community-air-quality-project
   https://leilanisanchez687.wixsite.com/transportation

2. 데이터 리터러시로 함양되는 '디지털 소양'
  : 학습자와 교사 관점에서

2022 개정 교육과정은 디지털 전환 시대에 발맞춰 디지털 소양을 모든 교과에서 다루어야 할 핵심 역량으로 포함하였다. 디지털 소양은 다양한 디지털 도구와 기술을 사용하여 정보를 체계적으로 수집·분석·관리하고 소통하며 문제를 효과적으로 해결하는 능력으로 정의된다[3]. 이는 학습자와 교사 모두에게 중요한 의미를 가지며, 교육부(2022)는 2022 개정 교육과정 총론 해설을 통해 디지털 소양에 대하여 디지털 기기와 프로그램 및 기술의 활용 능력, 기초적인 프로그래밍 원리에 대한 이해, 전자 정보 관리와 분석 능력, 디지털 윤리 의식, 디지털 안전 및 보안 의식 등을 포함한다고 설명했다.

  디지털 소양이 핵심 역량으로 포함된 것은 데이터가 현대 사회의 주요 의사결정 근거로 작용하고 있음을 반영한다. 학습자는 데이터를 읽고 분석하며 이를 기반으로 문제를 정의하고 해결하는 과정을 통해 학습과 삶의 문제를 효과적으로 다룰 수 있다. 교사는 데이터를 활용해 학습자의 상태를 객관적으로 이해하고 학습 목표를 달성하기 위한 수업 설계와 학급 운영 방안을 마련할 수 있다.

  학습자에게 데이터 리터러시는 비판적 사고와 문제 해결 능력을 향상시키는 기회를 제공한다. 예를 들어, 고등학교의 환경 수업에서 지역 사회의 대기 오염 데이터를 분석해 주요 오염원을 파악하고, 이를 줄이기 위한 정책 제안서를 작성하는 프로젝트를 진행한다면 학습 활동을 통해 학습자에게 데이터 활용 문제 해결 과정을 경험하게 하고, 데이터의 중요성을 살펴볼 수 있는 기회를 제공할 수 있다. 또한 학습자는 자신의 학습 데이터를 통해 강점과 약점을 파악하고 효율적인 학습 방법을 선택할 수 있다. 자신의 학습 데이터를 살펴보고 반복적으로 낮은 점수를 받은 특정 과목 및 단원과 주제를 분석하여 관련 학습 자료를 통해 성취도를 높이기 위한 과정을 수행할 수 있으며, 자신만의 맞춤형 학습과정으로 활용할 수 있다.

교사에게 데이터 리터러시는 학습자의 상태를 객관적으로 이해하고 근거 기반의 의사결정을 수행하는 도구로 작용한다. LMS 데이터를 분석해 학생들이 학습 활동에서 낮은 참여도를 보이는 것을 발견하고 관심을 가질 만한 주제를 중심으로 수업 방식을 조정하는 등의 과정은 교사가 데이터를 기반으로 학습자의 학습 과정을 확인하고 관련된 피드백을 제공하며, 지속적으로 수업 방식을 개선해 나가는 도구로 데이터를 활용하는 예이다.

교과별로 데이터 리터러시를 연계하여 활용하는 사례를 통해 2022 개정 교육과정에서 반영된 디지털 소양을 기르는 구체적인 과정을 살펴볼 수 있다. 과학 교과의 경우 학생들이 실험 결과를 디지털 포트폴리오로 정리하고 데이터 시각화 도구를 사용해 분석하는 활동을 진행하여 데이

---

3) 교육부(2022), 2022 개정 교육과정 총론 해설, 교육부 고시 제2022-33호(2022.12.22.).

터 리터러시와 디지털 소양을 연계할 수 있다. 예를 들어 중학생이 '식물 성장 조건에 따른 변화'를 주제로 실험 데이터를 수집하고, 온도와 물의 양에 따른 변화를 그래프로 시각화하여 결론을 도출하는 활동을 수행하도록 수업을 설계할 수 있다. 또한 체육 교과에서는 학생들이 스마트 기기를 사용해 자신의 운동 데이터를 기록하고 분석하며, 개인 맞춤형 운동 계획을 세우고 조정하는 활동을 구성할 수 있다. 국어 교과를 데이터 리터러시와 연계한다면 환경 문제와 관련된 데이터를 분석하고 이를 근거로 주장하는 글쓰기의 설득력을 높이도록 할 수 있다.

2022 개정 교육과정에서 디지털 소양이 핵심 역량으로 포함된 것은 데이터와 디지털 기술이 현대 사회와 교육의 중심이 되었음을 반영한다. 데이터 리터러시는 학습자가 학습을 효과적으로 관리하고 미래 사회에서 성공적으로 적응할 수 있도록 돕는 중요한 역량이며, 교사에게는 학습 환경을 개선하고 근거 기반의 의사결정을 가능하게 하는 필수 도구라 할 수 있다. 데이터를 활용한 교수·학습 과정은 학습자와 교사 모두가 문제 해결 능력을 높이는 데 도움을 주며, 디지털 시대에 적극적으로 대응하는 새로운 기회를 제공한다는 점에서 의미를 갖는다.

3. 데이터 기반 학급 경영과 맞춤형 학습 설계
: 세 가지 사례

데이터 기반 학급 경영은 학급 운영에서 발생하는 문제를 진단하고 해결하며, 학생들에게 맞춤형 학습 경험을 제공하기 위해 데이터를 체계적으로 활용하는 과정을 의미한다. 데이터를 통해 학급 상태를 객관적으로 파악하고, 이를 기반으로 효과적인 의사결정을 내리는 것은 교사의 중요한 역할 중 하나다.

맞춤형 학습 설계는 학습자의 개별적인 필요와 특성을 반영하여 교사가 학습 과정을 조정하는 데 초점을 맞춘다. 다음에 제시한 세 가지 사례는 가상의 학교와 교실 환경 및 수업 장면을 기반으로 구성한 내용으로, 데이터 기반 학급 경영 및 맞춤형 학습 설계에 대한 이해를 돕기 위해 설정된 자료이다. [사례 1]에서와 같이 데이터를 활용하면 교사는 학습자의 강점과 약점을 명확히 이해하고 이에 적합한 학습 자료와 활동을 설계할 수 있다.

데이터 활용의 핵심은 수집과 분석을 넘어 학습 활동을 반성하고 재구성하는 과정에 있다. [사례 2]에서와 같이 교사는 학습자의 학습 상태를 지속 점검하고 이를 바탕으로 학습 자료와 수업 계획을 개선할 수 있다.

데이터 활용은 학급 운영과 학습 설계를 근본적으로 변화시키며, 교사의 역할에도 새로운 가능성을 열어 준다. [사례 3]에서와 같이 교사는 데이터를 통해 학습자의 상태를 정확히 진단하고, 근거에 기반한 의사결정을 내리며, 학습 환경과 자료를 제공한다.

〔사례 1〕
영어 문법 학습에서의 데이터 활용

A교사는 초등학교 5학년 영어 수업에서 학생들이 불규칙 동사 활용 문제에서 지속적으로 어려움을 겪고 있다는 점을 발견했다. LMS 데이터를 분석한 결과, 몇 명의 학생들이 특히 이 문제에서 특히 낮은 점수를 기록하고 있었으며, 형성 평가에서도 이와 유사한 패턴이 반복되고 있었다. 이를 해결하기 위해 A교사는 데이터를 기반으로 다음과 같은 맞춤형 학습 방안을 설계했다.

우선 학생들의 수준에 맞춘 맞춤형 학습 자료를 제공했다. 불규칙 동사를 활용한 짧은 게임과 연습 문제를 추가로 개발하여 학생들에게 제공함으로써 학습 부담을 줄이는 동시에 재미와 흥미를 느끼게 했다.

또한 시각적 학습 도구를 활용해 학습 진도를 그래프로 표현하고 학생들이 자신의 학습 상태를 스스로 점검할 수 있도록 했다. 이를 통해 학생들은 자신의 약점을 구체적으로 파악하고 학습 과정을 능동적으로 관리할 수 있었다.

협력 학습 환경도 조성했다. 불규칙 동사 문제를 중심으로 팀 프로젝트를 구성하여 학생들이 서로의 학습을 돕도록 했다. 팀 활동은 학습자들 간의 상호작용을 촉진하고, 학습에 대한 동기와 자신감을 회복시키는 데 효과적이었다.

이러한 방안을 실행한 결과, 불규칙 동사 문제의 평균 정답률은 크게 개선되었다. 학생들은 학습에 대한 자신감을 회복했으며 팀 프로젝트를 통해 학습 동기도 높아졌다

〔사례 2〕
중학교 과학 수업에서의 피드백 기반 학습 개선

B교사는 중학교 2학년 과학 수업에서 형성 평가 점수가 낮은 문제가 반복적으로 발생하고 있음을 확인했다. 데이터를 분석한 결과, 학생들이 추론 문제에서 평균 정답률 45%를 기록하고 있었다. B교사는 데이터를 기반으로 수업을 재구성하고 여러 가지 접근을 시도했다.

먼저 소규모 그룹 활동을 도입하여 학생들이 실험 결과를 해석하고 논리적인 결론을 도출하는 과정을 팀별로 연습하도록 했다. 이러한 협력 학습 환경은 학생들이 서로의 사고 과정을 공유하고 개선할 기회를 제공했다.

다음으로, 실험 데이터를 그래프나 차트와 같은 시각 자료로 표현해 추론 과정을 명확히 이해할 수 있도록 지원했다. 시각 자료는 학생들에게 실험 데이터의 의미를 보다 직관적으로 파악할 수 있게 해 주었고, 데이터를 바탕으로 논리적인 추론을 수행하는 데 도움을 주었다.

또한 학생들이 추론 문제를 단계별로 풀어볼 수 있는 추가 학습 자료와 예제를 제공했다. 이를 통해 학생들은 개념을 점진적으로 이해하고 응용할 수 있는 연습 기회를 얻을 수 있었다.

재구성된 수업 이후 동일한 형성 평가를 실시한 결과, 학생들의 평균 정답률은 85%로 크게 향상되었다. 학생들은 실험 데이터의 의미를 보다 명확히 이해했으며 논리적 사고 능력도 강화되었다.

〔사례 3〕

학급 전체의 학습 격차 해소

C교사는 고등학교 수학 수업에서 학생들의 시험 데이터를 분석한 결과, 특정 단원인 함수와 그래프 영역에서 학급 전체의 평균 점수가 낮다는 문제를 발견했다. 이를 해결하기 위해 데이터를 기반으로 세 가지 접근 방식을 설계하고 실행했다.

먼저, 학생들이 시험에서 자주 틀린 문제 유형을 다룬 짧은 강의 영상을 제작해 LMS에 업로드했다. 학생들은 이 영상을 통해 부족한 개념을 보충할 수 있었으며, 필요할 때마다 반복 학습이 가능했다.

다음으로, 학습 격차를 줄이기 위해 성취도에 따라 그룹을 나누고 고득점 학생들이 다른 학생들을 도울 수 있도록 협력 학습 환경을 조성했다. 이과정에서 학생들은 서로의 문제 해결 과정을 공유하고 토론하며 학습 내용을 심화시켰다.

마지막으로 주별로 소규모 퀴즈를 실시하여 학생들의 성취도 변화를 지속적으로 모니터링했다. 이러한 데이터를 활용해 학습 진행 상황을 점검하고 필요한 경우 추가적인 조치를 취할 수 있었다.

이러한 데이터 기반 접근 방식의 결과, 학기 말 시험에서 학생들의 평균 점수는 15% 상승했으며, 학습 격차도 크게 줄어들었다.

데이터는 학급 경영과 학습 설계를 혁신할 수 있는 중요한 자료이자 의사결정의 근거이다. 교사는 수업 설계 과정에서 데이터를 통해 학습자의 요구를 깊이 이해하고, 근거 기반의 의사결정을 통해 맞춤형 학습 환경을 제공할 수 있다. 데이터는 단순한 숫자가 아니라, 학습과 교육을 변화시키는 핵심적인 자료로서 교사의 수업 설계 과정에서 의사결정을 위한 중요한 근거로 활용될 수 있다.

4. 데이터 너머, 데이터 시각화와 컴퓨팅 사고력의 교육적 가치

데이터 시각화와 컴퓨팅 사고력은 교사가 데이터를 효과적으로 분석하고 활용하여 학급 경영과 학교 의사결정에 도움을 주며 학생, 학부모, 교사, 학교관리자를 포함한 다양한 이해관계자와의 소통을 원활하게 하는데 중요한 도구이자 절차이다. 데이터 시각화는 데이터를 단순한 숫자나 텍스트로 표현하는 것을 넘어 직관적인 그래프와 이미지로 변환함으로써 데이터를 쉽게 이해하고 활용할 수 있게 한다. 컴퓨팅 사고력은 문제 해결 과정에서 데이터를 추상화하고, 알고리즘을 설계하며, 반복적인 작업을 자동화하는 데 초점을 맞춘다. 이 두 가지 접근법은 학급과 학교에서 데이터를 활용한 문제 해결 전략을 실천하는 데 활용될 수 있다.

데이터 시각화는 학급 운영과 의사소통에서 강력한 과정으로 활용될 수 있다. 교사는 데이터를 시각화하여 학습자의 성취도, 과제 수행, 학습 참여도 등 학급의 전반적인 상태를 명확히 파악할 수 있다. 또한 학부모와 학습 데이터를 공유하여 학생들의 학습과정에 대한 논의에서 객관적 자료로 활용할 수 있으며, 학습 데이터를 기반으로 학생들과 면담하는 과정에서 학습 과정에 대한 계획을 논의하고, 필요한 경우에는 학습 자료를 제공하여 성취도를 향상시킬 수 있는 상황을 생각해 볼 수 있다.

컴퓨팅 사고력은 데이터를 기반으로 문제를 정의하고 해결책을 설계하며, 반복적인 작업을 효율화하는 데 필수적이다. 특히 추상화 과정은 컴퓨팅 사고력의 중요한 과정으로, 복잡한 데이터를 핵심 요소로 단순화할 수 있다는 특징을 갖는다. 학생들의 평가 결과를 분석하고 성취도가 낮은 그룹을 식별하여 데이터를 기반으로 해당 그룹의 학습 결손 영역을 추출한다면 이와 같은 추상화 과정을 통해 학습자를 지원하는 수업을 설계하여 효과적인 학습과정을 제공할 수 있다.

문제 해결의 체계적인 접근인 알고리즘 설계도 중요하다. 교수·학습의 과정에서 문제를 발견하고 이를 해결하기 위한 과정을 매번 복잡한 절차와 과정을 통해 제공하는 것이 아니라 데이터를 기반으로 효과가 도출된 일련의 과정을 준비하여 체계적인 문제 해결 방식을 제공할 수 있다. 형성 평가 결과를 분석하고, 점수가 낮은 항목별로 학습 자료를 분류하며, 개인별로 학습 자료를 추천하고 진도를 추적한 뒤, 추가 평가를 통해 개선 여부를 확인하는 과정과 같은 접근은 데이터 기반의 학습자 지원을 위한 하나의 알고리즘으로 구성될 수 있다.

알고리즘의 구성은 자동화와 연계되며 교사의 업무를 효율화하는 데 중요한 역할을 한다. 예를 들어, 학습 활동에서 수행되는 과제 확인 및 분석의 경우 정형 데이터 기반의 객관적 자료를 자동으로 분석하고 보고서를 생성하는 시스템을 구축하여 과제 제출 현황을 빠르게 파악하고 학생들에게 피드백을 즉각적으로 제공할 수 있다.

즉 데이터 시각화와 컴퓨팅 사고력을 활용한 접근은 교사가 학급 운영과 학교 의사결정에서 데이터를 효과적으로 활용할 수 있게 한다. 데이터를 시각적으로 표현함으로써 교육공동체의 구성원 모두가 데이터를 쉽게 이해하고 소통할 수 있으며, 컴퓨팅 사고력을 통해 문제를 정의하고 체계적으로 해결할 수 있는 여건을 제공할 수 있다. 이러한 과정에서 교사는 데이터를 활용하여 학습자를 더 잘 이해하고 맞춤형 학습 환경 설계와 학급 운영을 혁신적으로 개선할 수 있으며 교사와 학습자 모두에게 긍정적인 교육 여건을 제공할 수 있다.

5. 제언
: 데이터 기반 학교 교육과정 설계를 위한 3Ds 모델

데이터 리터러시는 최근에 주목받은 핵심 역량 중 하나로 인식될 수 있지만, 사실 우리는 오래전부터 현상을 설명하거나 생각을 뒷받침하기 위해 데이터를 활용해 왔다. 삼국시대 신라에 건설된 첨성대는 별의 움직임을 관찰하여 데이터를 축적하고 이를 통해 기상현상을 이해하며 예측하고자 하였던 건축물이다. 최근에는 데이터의 양(Volume), 데이터 처리속도(Velocity), 데이터의 다양성(Variety)이 비약적으로 증가하면서 데이터를 실생활에서 보다 효과적으로 활용하고 타당한 근거로 삼을 수 있는 환경이 마련되었다.

교육 현장에서도 과거에 비해 많은 양의 학습 데이터가 도출되고 저장되어 활용될 수 있게 되면서, 개별화 학습 환경을 구현할 수 있는 여건이 마련되고 있다. 이에 따라 데이터 리터러시는 교사와 학습자 모두에게 요구되는 필수적인 디지털 소양 중 하나로 관심이 높아지고 있다. 학습자는 컴퓨팅 사고력을 활용해 데이터를 추상화하고 자동화하는 과정에서 창의적인 문제 해결 아이디어를 구성할 수 있고, 교사는 학습자 데이터를 기반으로 개별화된 학습환경을 조성하거나 효과적인 수업 설계 과정에 필요한 다양한 결정을 내릴 수 있다.

국가 수준 교육과정을 기반으로 공통의 교수 · 학습 과정과 환경을 구성하지만 각급 학교 및 학급에서의 맞춤형 교육과정 설계와 운영이 함께 요구된다. 이러한 맥락에서 데이터 기반 학교 교육과정 설계의 필요성이 더욱 높아지고 있으며, 이를 실현하기 위해 3Ds(Data-Driven Design for school) 모델을 제언한다. 3Ds 모델은 학교 교육과정을 편성하기 위한 데이터 기반 설계(Data-Driven Design)를 의미하며 다음 세 가지 단계로 구성된다.

① Discover(발견): 학습자 및 교육 환경의 데이터를 수집하고 분석하여 교육과정 설계의 출발점을 찾는 과정
② Design(설계): 데이터를 기반으로 맞춤형 교육과정을 개발하고, 학습 목표, 교수·학습 활동, 평가 방법을 설계하는 과정
③ Deploy(적용 및 평가): 설계된 교육과정을 현장에 적용하고, 지속적으로 개선하며, 학습 데이터를 분석하여 효과성을 평가하고 피드백을 반영하는 과정

학교에서 생성되는 학습 데이터를 기반으로 '발견(Discover) - 설계(Design) - 적용 및 평가(Deploy)' 과정을 수행하는 것은 학습자 중심의 교육과정 설계를 실현하는 가이드라인이 될 수 있다. 다양한 학습 데이터를 활용하여 학생 개개인의 특성과 학습 요구를 반영하는 교육과정이 정착될 수 있도록 3Ds 모델을 제언하고자 한다.

AI 시대, 무엇을 가르쳐야 하는가

: AI 교육 내용과 교육과정, 그리고 핵심 지식

김수환 (총신대학교 기독교교육과 교수)

1. 지금 세계 AI 교육의 3대 주제

2. AI 교육 내용에 관한 국제적 논의: 5가지 빅 아이디어

3. 빅 아이디어와 2022 개정 교육과정의 AI 교육 내용

4. 확장된 컴퓨팅 사고력: 문제 해결력 교육과 AI

5. 창의 컴퓨팅: 창의성 교육과 AI

6. AI 시대의 핵심 지식과 교육과정의 지향

1. 지금 세계 AI 교육의 3대 주제

2024년 AI 교육에서 나타난 가장 큰 변화는 'AI 교육의 리터러시화', '컴퓨터 교육과의 연계 및 타 교과와의 융합', '생성형 AI 교육 도입' 이라고 할 수 있다. AI 기술이 급속도로 발전하고 보편화되면서 모든 학생에게 AI를 가르쳐야 한다는 사회적 인식이 높아졌고, 이에 따라 기존의 정보, 컴퓨터 교과에서 가르치던 AI의 원리와 문제 해결 방법을 강화하고 타 교과와 연계하는 확장의 형태가 이어지고 있으며, 2022년 말 챗GPT가 급속히 보급되기 시작한 이후에는 생성형 AI의 올바른 활용법에 대한 교육이 도입되기 시작한 것이다.

미래교육의 방향과 내용 변화를 조망할 때 인용하는 대표적인 미래교육 보고서는 〈OECD 2030 미래교육 나침반 보고서[1]〉와 〈유네스코 2050 미래교육 보고서[2]〉이다. 이 두 가지 보고서에서는 동일하게 미래사회를 '불확실성'으로 규정하고 있다. 미래사회의 급격한 변화와 불확실성에 적응할 수 있는 역량으로 OECD 보고서에서는 변혁적 역량(Transformative Competency)을 제시하였고, 유네스코 보고서에서는 인

---

1) Organisation for Economic Co-operation and Development,(2019), OECD future of education and skills 2030: OECD learning compass 2030, A series of concept notes,
2) UNESCO International Institute for Higher Education in Latin America and the Caribbean(2021), Pathways to 2050 and beyond: findings from a public consultation on the futures of higher education, UNESCO.
  * 한국위원회 번역본 https://unesco.or.kr/유네스코-교육의-미래-보고서-함께-그려보는-우리의/

류가 공통으로 직면한 현대 사회의 문제를 해결하기 위해서는 세계적인 긴급행동이 필요한데 이를 위해 사회 구성원 모두가 노력하는 공동재(Common good)로서의 교육이 필요하다고 했다.

AI 교육의 리터러시화

특히 두 보고서는 AI가 적용된 미래 교육 환경을 예측하면서 AI를 포함한 디지털 기술이 교육의 격차를 발생시킬 수 있다고 경고했다. 이에 대해 미국의 싱크탱크인 브루킹스(Brookings) 연구소는 디지털 격차가 (1) 부자들은 기술을 가지고 있지만 가난한 사람들은 그렇지 않다. (2) 부자들은 기술과 그것을 효과적으로 사용할 수 있는 능력이 있지만 가난한 사람들은 그렇지 않다. (3) 부자들은 기술과 그것을 사용하는 데 도움을 주는 사람들에게 모두 접근할 수 있지만 가난한 사람들은 기술에만 접근 가능하다는 세 가지 측면으로 진화하게 된다고 설명했다[3]. 교육 관계자 모두가 AI 리터러시를 함양하는 일이 매우 중요한 이유다.

필자는 2023년 11월 미국 라스베이거스에서 열린 국제 컴퓨팅 교육 관련 컨퍼런스에 참석했는데, 이 컨퍼런스는 미국의 비영리 코딩 교육 단체인 code.org에서 개최한 행사였다. 당시 아시아 지역에서 온 글로벌 파트너들도 만나 컴퓨팅 교육 현황에 대한 국가별 정보를 교류했다. 당시 발표자들은 유네스코 교육 보고서를 인용하면서 미래 세대 아이들에게 공평한 AI 교육 환경을 만들어 주기 위해서는 (1) 윤리적인 AI 개발, (2) AI 리터러시 교육의 강화, (3) 효과적인 AI 정책이 필요하다고 주장했다. 교육 현장에서 대응할 수 있는 부분은 AI에 대한 리터러시 교육의 강화다. 따라서 AI 리터러시는 학생들에게 가르쳐야 할 필수 교육 내용이면서 동시에 교사, 교육 전문직, 교육 행정직, 학부모 등 교육과 관련된 주체와 관계자들도 필수로 갖추어야 할 기본 소양으로 자리 잡았다고 볼 수 있다.

컴퓨터 교육과의 연계 및 타 교과와의 융합

AI를 초중고에서 가르치고자 하는 흐름은 2~3년 전부터 본격화되기 시작했다. 대표적인 교육기관인 TeachAI의 계획을 살펴보자. TeachAI에서는 미래 세대를 위해 모든 학생들에게 AI 리터러시 함양을 촉구하고 있으며 교육 내용에 대한 프레임과 관련 교육 정책을 개발해 공유하고 있다. 2024년 8월에 실시한 웨비나에서 향후 계획을 발표하였는데 2024년부터 연구그룹을 발족하고 AI 리터러시 프레임워크를 개발한다고 선언하였다.

TeachAI에서는 AI 리터러시를 'AI의 작동방식, 사회적 영향, 윤리적이고 신뢰할 수 있는 사용에 대한 기본적인 이해'로 정의하고[4], 세부 내용은 AI4K12의 프레임워크를 인용해 사용했다. 초중고 학생들을 위

---

3) https://www.brookings.edu/articles/ai-and-the-next-digital-divide-in-education
4) https://www.teachai.org/ailiteracy

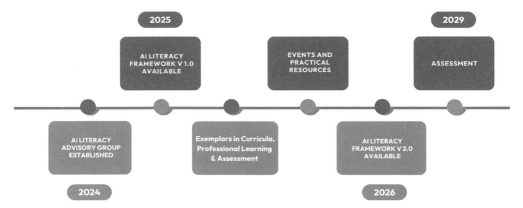

TeachAI의 AI 리터러시 로드맵 [5]

한 AI 교육 프레임워크를 개발한 국제 교육단체인 AI4K12에서는 초
중고 학생들에게 가르칠 AI 교육 내용을 인식(Perception), 표현 및 추론
(Representation & Reasoning), 학습(Learning), 자연스러운 상호작용(Natural
interaction), 사회적 영향(Social Impact)의 5가지로 구성하였다[6]. 각 항목
에 관한 자세한 설명은 뒤에서 언급하겠지만, 이 항목들이 시사하는 바
는 AI가 다양한 컴퓨팅 기기(하드웨어)로 받아들이는 데이터와 정보를 코
드로 구성된 프로그램(소프트웨어)을 통해 저장하고 처리하여 원하는 결
과물을 산출하는 과정으로 구현되므로, 컴퓨터가 데이터와 정보를 처리
하고 계산하는 원리를 이해해야 AI의 장점과 단점, 한계 등을 이해할 수
있다는 것이다.

미국 조지아주 귀넷 카운티(Gwinnett County) 공립학교에서는 AI 리
터러시 학습 프레임워크를 교육에 적용하기 시작했다. 이 교육을 통해

고등학생의 경우 AI 관련 진로 교육에 참여하는 기회를 제공한다고 발표하였다. 이 프레임워크는 여러 교과와 연계할 수 있는 내용으로 구성되어 있다.[7]

생성형 AI 교육 도입

최근 AI 교육에서 중요한 내용으로 대두되고 있는 또 다른 내용은 '생성형(Generative) AI'에 대한 내용이다. 오픈AI의 챗GPT가 보급되면서 여러 교육기관에서 생성형 AI의 올바른 활용법에 대해 교육하기 시작했다. code.org에서 개발한 중고등학생을 위한 생성형 AI 콘텐츠는 다음과 같은 내용을 포함하고 있다.[8]

---

1. 생성형 AI에 대한 소개   2. 입력과 훈련 데이터
3. 기계안에서의 편향   4. 임베딩(Embedding) 이해
5. 임베딩: 생성 방법   6. 신경망 이해
7. 신경망 : 훈련 방법   8. 주의가 전부이다.
9. 출력 및 확률   10. 환각과 허구
11. 프로젝트: 생성형 AI 신비성 제거

---

5) 상동
6) https://ai4k12.org/resources/big-ideas-poster/
7) https://www.gcpsk12.org
8) https://code.org/curriculum/generative-ai

이 가운데 '8. 주의가 전부이다(Attention is All You Need)' 수업은 생성형 AI를 만드는 데 필요한 어텐션 모델에 대해 알아보는 내용이다. 인공지능이 단어의 의미를 파악할 때 어텐션 기법을 활용해서 좀 더 정확하게 해석할 수 있다는 것을 배운다. '9. 출력 및 확률(Outputs & Probabilities)'에서는 언어모델이 확률을 기반으로 어떻게 문자와 단어를 출력하는지에 대한 원리를 배운다.

한편 글로벌 코딩 교육 도구인 스크래치(Scratch)를 개발한 미첼 레스닉(Mitchel Resnick) 교수는 〈생성형 AI와 창의학습[9]〉이라는 글에서 생성형 AI를 교육에 적용할 때 나타나는 우려사항으로 학습자 주체성 제한, 폐쇄형 문제 집중, 인간관계의 과소 평가가 있기 때문에 생성형 AI 기술을 교육에 적용할 때 어떤 원칙과 기준이 있어야 한다고 주장하면서 창의적 학습의 4P를 지원하는 방안을 제안했다. 이 4P는 프로젝트, 열정, 동료, 놀이다.

2. AI 교육 내용에 관한 국제적 논의: 5가지 빅 아이디어

2022년 챗GPT의 보급을 계기로, 인터넷을 사용할 수 있으면 누구나 AI
를 사용할 수 있는 시대가 되었고 AI를 활용하는 방법을 익히면 되겠다
는 인식도 생겨났다. 하지만 AI의 작동원리에 대한 이해가 없으면 이를
문제 해결에 활용하는 방법을 제대로 익힐 수 없다. 인터넷이 처음 대중
화되기 시작하던 2000년대 초 인터넷이나 응용 소프트웨어 활용법을 가
르치던 ICT 중심의 컴퓨터 교육이 2009년부터 시작하여 2015, 2022 개
정 교육과정에 컴퓨팅 사고력을 중심으로 한 문제 해결력 교육으로 변화
하게 된 사례를 보면 알 수 있다. AI 기술이 다양한 영역에서 개발되고
사용될수록 AI의 본질과 AI를 활용한 문제 해결력 교육이 필요하다. 우
리 초중고 교육과정의 모든 교과는 교과를 관통하는 핵심 아이디어를 바
탕으로 문제를 해결하는 것이 목표로 설정되어 있다. 따라서 AI 교육도
핵심 아이디어를 중심으로 가르칠 필요가 있다.

그러면 AI 교육의 핵심 아이디어는 무엇일까? MIT RAISE에서는 초
중등 학생에게 가르쳐야 할 AI 콘텐츠를 개발하고 있는데 AI 리터러시
교육 내용을 다음과 같이 제시한다[10].

---

9) Generative AI and Creative Learning. https://mres.medium.com/ai-and-creative-learning-
    concerns-opportunities-and-choices-63b27f16d4d0
10) Day of AI Planning Guide, 2024

모든 학생을 대상으로 하는 AI 리터러시 교육에는 AI의 적절하고 생산적인
사용에 대한 교육과 다음 내용이 포함된다.
- AI 기반 기술의 작동 방식과 응용 프로그램에 대한 이해
- 인공지능의 기본을 배우면서 학생들이 창의적인 발견, 토론 및 비판적
  사고에 참여하도록 하는 활동
- 이 새로운 기술의 단점과 가능성
- AI의 사회적 및 윤리적 영향에 대한 조사
- 실습을 통해 학년별 인공지능 프로그램을 학생 생활에 적용하기

이와 비슷하게 AI4K12에서는 인공지능 교육의 내용으로 다섯 가지
빅 아이디어를 제시했다[11]. 다섯 가지 아이디어는 인식, 표현과 추론, 학
습, 자연스러운 상호작용, 사회적 영향이며, 각각의 개념은 다음과 같이
설명되어 있다.

1. **인식** : 컴퓨터는 센서를 이용해 세상을 인식합니다. 인식은 감지된
   신호로부터 의미를 추출하는 과정입니다. 실질적인 사용이 가능하
   도록 컴퓨터가 충분히 '보고', '듣도록' 만드는 것은 지금까지 AI의
   가장 중요한 성과 중 하나입니다.

2. **표현과 추론** : 에이전트는 세상에 대한 표현을 만들고 이를 추론에
   사용합니다. 표현은 인공지능과 자연 지능 모두에서 근본적인 문제
   중 하나입니다. 컴퓨터는 자료구조의 방식으로 표현을 구성하고,
   이러한 표현은 이미 알려진 것으로부터 새로운 정보를 얻는 추론
   알고리즘을 생성하는 데 이용됩니다. 인공지능 에이전트는 매우 복

잡한 문제를 추론할 수 있지만 인간의 추론 방법과는 다르게 진행됩니다.

3. **학습** : 컴퓨터는 데이터를 통해 학습합니다. 머신러닝은 데이터의 패턴을 찾는 일종의 통계적 추론입니다. 최근 몇 년 간 새로운 표현을 만들어내는 학습 알고리즘 덕분에 인공지능의 많은 영역이 크게 발전했습니다. 이러한 접근 방식이 성공하기 위해서는 엄청난 양의 데이터가 필요합니다. 이러한 '훈련용 데이터(Training data)'는 일반적으로 사람이 제공해야 하지만 때로는 기계가 스스로 수집하기도 합니다.

4. **자연스러운 상호작용** : 지능형 에이전트가 인간과 자연스럽게 상호작용하기 위해서는 많은 종류의 지식이 필요합니다. 관찰된 행동의 의도를 에이전트가 추론하기 위해서는 인간의 언어로 대화하고, 얼굴 표정과 감정을 인식하며, 사회적 관습과 문화에 대한 지식을 활용할 수 있어야 합니다. 이런 것들은 매우 어려운 문제입니다. 오늘날의 인공지능 시스템은 제한된 범위에서 언어를 사용할 수 있지만, 일반적인 추론이나 대화 능력은 아이보다도 부족합니다.

5. **사회적 영향** : 인공지능은 긍정적이고 부정적인 방식으로 사회에 영향을 미칠 수 있습니다. 인공지능 기술은 우리가 일하고, 여행하

---

11) https://ai4k12.org/wp-content/uploads/2020/07/AI4K12_Five_Big_Ideas_Poster_Korean.pdf

고, 의사소통하고, 서로를 돌보는 방식을 변화시키고 있습니다. 그러나 우리는 잠재적으로 발생할 수 있는 위험에 유의해야 합니다. 예를 들어, 인공지능 시스템을 훈련하는 데 편향된 데이터를 이용하면 일부 사람들은 다른 사람들에 비해 제대로 된 지원을 받지 못하는 경우가 생길 수 있습니다. 그러므로 인공지능이 우리 사회에 미치는 영향에 대해 논의할 필요가 있고 인공지능 기반 시스템의 윤리적 설계 및 배치에 관한 기준을 개발하는 것이 중요합니다.

3. 빅 아이디어와 2022 개정 교육과정의 AI 교육 내용

2015 개정 교육과정이 도입된 후 인공지능 교육에 대한 필요성이 높아지면서 2020년 9월 교육부고시로 정보과에 '인공지능 기초' 과목이 만들어졌다. 수학과에는 '인공지능 수학'이 신설되었다. 2022 개정 교육과정에서는 정보과 교육과정 안에 인공지능의 개념과 원리에 대한 내용이 포함되었다. 정보 교과가 없는 초등학교는 실과에 포함되었다. 중학교와 고등학교 정보과는 '인공지능'을 단원으로 구성할 수 있도록 내용요소와 성취기준이 다음 표와 같이 제시되었다.

학교급별로 제시된 내용을 살펴보면 AI 교육의 국제적 빅 아이디어인 인식, 표현과 추론, 학습, 자연스러운 상호작용, 사회적 영향의 내용이 적절히 반영되어 있다고 볼 수 있다. 이는 인공지능 관련 교육과정을 개발할 때, AI 교육의 빅 아이디어와 다양한 해외 자료를 이미 참조해서 반영했기 때문이다. 한 가지 살펴볼 부분은 '자연스러운 상호작용'에 대한 내용이 다른 내용에 비해 상대적으로 명확하게 제시되지 않았다는 점이다. 이는 교육과정의 내용체계를 만들 때 지켜야 할 지침이 있다는 일종의 한계로 인해 발생한 간극이라 볼 수 있다. 덧붙여 고등학교 데이터 과학 과목에서는 인공지능과 관련된 데이터의 편향, 데이터 전처리, 데이터 시각화, 데이터 과학의 적용 사례 등을 배울 수 있다.

우리나라 AI 교육은 공식적으로 실과가 편성된 5-6학년군에서 처음 가르치도록 되어 있는데 국제적 빅 아이디어에서는 초등학교 1학년부터 가르칠 수 있는 내용체계가 개발되어 있어서 교육 내용의 양과 질에서 차이를 보인다. 예를 들어 인식의 센싱(Sensing) 내용을 살펴보면 초등 1–2학년에서 인간의 감각과 컴퓨터의 센서들을 비교해 보는 활동을 하도록 되어 있다. 초등학교 3–5학년에서는 인간과 동물의 인식 비교를 가르치게 되어 있어서 우리나라 교육과정과 차이를 보인다[12]. 국제적 AI 교육 내용과의 간극을 줄이려면 적은 시수이더라도 2022 개정 교육과정에 포함된 인공지능 내용을 모든 학생에게 반드시 가르쳐야 한다.

　AI 교육의 격차는 학생들의 미래 역량, 문제해결력과 직결된다. 따라서 국제적으로도 모든 학생들에게 공평하게 AI 리터러시를 길러 주고, AI를 활용한 문제 해결력 교육을 실시하기를 권고하고 있다. 국내외 전문가들이 주장하는 AI 리터러시 내용에는 AI 문제 해결력, AI 윤리까지 포함되어 있는 것을 알 수 있다. AI 전문가인 하정우, 오순영 박사는 모든 학생들에게 AI 리터러시를 가르쳐야 한다고 주장하면서 AI 리터러시의 개념을 다음과 같이 제시하고 있다. "AI 리터러시란 인공지능의 기본 원리와 작동 방식을 이해하고 이를 실제로 적용하는 능력을 말한다. AI가 사회에 미치는 영향, 윤리적 문제, 잠재적 리스크에 대해 비판적으로 사고할 수 있는 능력까지 포함한다고 볼 수 있다[13]". 결국 AI 교육의 목적은 학생들이 윤리적 책임감을 가지고 AI를 목적에 맞게 활용하는 능력을 함양하도록 가르치는 것이다.

12) https://ai4k12.org/big-idea-1-overview
13) 하정우, 오순영, 2024, 2025 AI 대전환: 주도권을 선점하라, 한빛비즈

2022 개정 교육과정에서의 AI 교육 내용[14]

초등	중학교	고등학교	
실과	정보	정보	인공지능 기초
·디지털 데이터와 아날로그 데이터 특징, ·인공지능 제작 과정 체험, 인공지능의 사회적 영향 탐색, ·인공지능의 데이터 분류 과정 체험, ·인공지능 사용 방법 토론 및 실천	·인공지능 개념과 특성 설명, 인공지능 소프트웨어 구별 ·데이터의 중요성 이해, 데이터 수집 및 분류 ·인공지능 시스템 구성 및 적용 ·문제해결에 인공지능 시스템 적용 ·데이터 수집과 활용에서의 윤리적 문제 해결 방안 구상	·지능 에이전트의 개념과 특성, 인간과 인공지능의 관계 분석 ·기계학습의 개념 이해, 지도학습과 비지도학습의 차이 비교, 분석 ·사회문제 해결에 기계학습 적용	·인공지능의 이해: 인공지능에서의 다양한 탐색, 지식 추론 등 ·인공지능과 학습: 기계학습, 인공신경망, 딥러닝 등 ·인공지능의 사회적 영향: 인공지능의 발전, 직업의 변화, 인공지능 윤리 등 ·인공지능 프로젝트: 인공지능 프로젝트 활동, 인공지능 소프트웨어 개발 등

14) 2022 개정 교육과정 참고하여 저자가 정리함.

4. 확장된 컴퓨팅 사고력: 문제 해결력 교육과 AI

과거, 현재, 미래의 교육을 관통하는 교육 내용으로 전 세계가 공통으로 제시하고 있는 역량으로 창의성, 문제 해결력, 융합력을 꼽아 볼 수 있다. 우리나라 초중고 교육의 교과 대부분에는 각 교과를 통해 문제 해결력을 기르도록 하는 것이 목표로 설정되어 있다. 이는 학교에서 배운 지식이 머릿속에만 머물지 않고 실제 생활과 사회 및 경제 생활에서 발생하는 문제를 해결하는 실제 역량으로 발현되기를 목적하는 것이다.

초중고 교육에서 가르치는 문제 해결의 절차는 일반적으로 폴리야 (Polya)가 제시한 문제 이해 – 해결 계획 수립 – 계획 실행 – 검토하기의 4단계로 이루어진다. 필자는 중등교원을 양성하는 수업에서 '디지털 리터러시' 강좌를 가르치면서 문제 해결 과정에 챗GPT를 활용하는 방법을 가르쳤는데, 학생들은 문제 해결을 위한 브레인 스토밍, 토의 · 토론, 결과 요약 및 분석 등의 과정에서 챗GPT를 실제로 유용하게 활용했다. 이는 창의적 문제 해결 과정에서 일어나는 발산, 수렴의 반복 과정에서 AI의 적절한 활용이 가능하다는 것을 보여 주었다[15]. 예를 들어 토의 · 토론 결과를 요약할 때 챗GPT를 사용하고, 모둠별로 결정한 문제 해결 방안에 대해 챗GPT에게 분석 및 검토해 주기를 요청하는 식이다.

이전까지의 문제 해결력 교육은 문제 중심법, 프로젝트법 등과 같은 학습자 중심의 교육 방법으로 이루어졌는데, 수업에서 이루어지는 교육 활동은 교사–학생, 학생–학생, 학생–전문가 등 사람 사이 소통과 협력을 전제로 고안되었다. AI 시대에는 사람 사이의 소통과 협력이 확장되

창의적 문제 해결 과정[16]

어 사람−AI의 소통과 협력이 가능해졌다. 따라서 초중고 교육에서 사람−AI의 소통과 협력을 통한 문제 해결 방법을 가르쳐야 한다.

사람−AI의 소통과 협력은 디지털 환경에서 이루어지는데, 디지털 환경에서의 문제 해결력은 '컴퓨팅 사고'를 통한 문제 해결 과정으로 확장되었다. 컴퓨팅 사고력은 2015 개정 교육과정에서 중요하게 부각되었고 2022 개정 교육과정에서도 강조되었는데 이전의 내용보다 확장된 체계로 정보 교과에서 기른 컴퓨팅 사고력을 모든 교과의 문제 해결에 연계하기를 추구하고 있다. 예를 들면 정보 교과에서 학습한 컴퓨팅 사고력으로 사회, 과학, 예술 등의 각 교과의 데이터를 분석하고 코딩으로 문제를 해결하는 것이다.

문제 해결 과정의 근간이 되는 사고력이 20세기에는 수학적 사고력, 과학적 사고력이었다면 21세기에는 컴퓨팅 사고력이 추가된 것이

---

15) 김수환(2023). 생성형 AI를 활용한 학습자 중심 수업 가능성 탐색. 총신대논총. 43, 307−331.
16) Service Design Double Diamond Process by Kalshin Chu

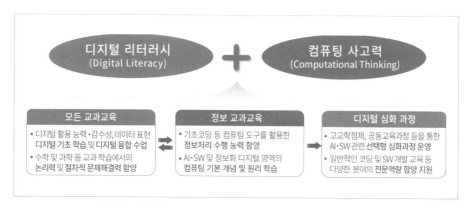

디지털 리터러시 및 컴퓨팅 사고력 기반 융합교육 방법[17]

다. 2023년 노벨 물리학상과 화학상을 존 홉필드(John Hopfield), 제프리 힌튼(Geoffrey Hinton), 데미스 하사비스(Demis Hassabis), 존 점퍼(John Jumper)와 같은 인공지능 관련 학자들이 수상했다는 점은 컴퓨팅 사고력의 중요성에 힘을 실어 준다.

컴퓨팅 사고의 실행은 문제 이해와 분석 – 핵심 요소 추출 – 알고리즘 만들기 – 프로그램 작성 – 실행 및 수정의 과정으로 이루어지는데 크게 추상화와 자동화로 구성된다. 여기에 챗GPT 같은 AI와의 소통과 협력을 적용하면 다음 그림과 같이 각 단계에서 챗GPT에게 요약, 분석, 검토 등을 수행하게 하고 이를 사람이 최종 판단, 결정, 실행하는 '확장된 컴퓨팅 사고력(Expanded Computational Thinking; 이하 ECT)'을 만들수 있다[18]. 이전 연구에서는 확장된 컴퓨팅 사고력을 '컴퓨팅 사고 2.0'으로 제시하였다[19].

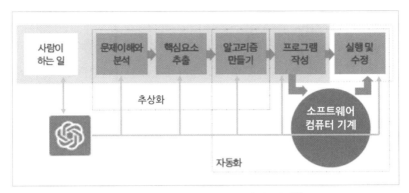

AI를 활용한 컴퓨팅 사고 실행 과정[20]

　일부 학자나 교육자들 사이에서 코딩이나 컴퓨팅 사고가 필요하지 않다고 주장하는 경우가 있는데, 이는 계산기가 있다고 사칙연산을 가르칠 필요가 없다고 주장하는 것과 같다. 즉, 코딩을 통해 컴퓨팅 사고를 익힌 후 AI를 활용해야 확장된 컴퓨팅 사고를 제대로 발현할 수 있다.

　컴퓨팅 사고를 통한 문제 해결 교육의 사례로 비영리 교육기관 퓨처랩(Future Lab)에서 진행하는 퓨처비 챌린지가 있다[21]. 퓨처비 챌린지에서는 매년 유엔의 지속가능발전목표(Sustainable Development Goals) 중 3

---

17) 교육부(2021), 2022 개정 교육과정 총론 시안.
18) 확장된 컴퓨팅 사고력은 패퍼트의 구성주의(Constructionism)를 확장하여 '확장된 구성주의(Expanded Constructionism)'로 제시하는 새로운 개념에서 파생된 것이다. 패퍼트의 구성주의가 인간 간의 상호작용과 산출물 제작을 통해 나타나는 지식의 구성 방법이라면 확장된 구성주의는 인간과 AI와의 상호작용을 통해 산출물을 제작하는 과정을 통해 지식을 구성하는 방법을 의미한다. 확장된 구성주의는 필자가 처음으로 제안하는 개념이다.
19) 김수환(2023), AI 융합교육 관점에서의 Computational Thinking의 개념, 정보과학회지, 41(7), 61~65.
20) 김현철, 김수환(2020), 처음 떠나는 컴퓨터 과학 산책, 재구성.
21) https://www.future-bee.com/main

가지 분야를 선정하고 7~18세 어린이와 청소년이 디지털 도구를 활용해서 문제를 해결하는 아이디어 내거나 작품을 제작하도록 하는 챌린지를 진행하고 있다. 2023년 주제는 '육상생태계 보존', '불평등 완화', '기후위기 대응'이었고 학생 작품 중에는 시각 장애인을 위한 '푸드 스캐너'나 건강을 위해서 공기질을 측정하는 프로젝트를 수행한 사례가 있었다. 학생들이 컴퓨팅 사고로 자신의 문제를 해결한 사례라고 볼 수 있다.

5. 창의 컴퓨팅: 창의성 교육과 AI

디지털 도구를 교육에 도입한 초기의 컴퓨터 교육자들은 디지털 도구, 컴퓨팅 도구가 아이들에게 표현의 도구, 창작의 도구로 쓰이기를 추구했다. 최초의 어린이용 코딩 언어인 로고(LOGO)를 개발한 시모어 패퍼트 (Symour Papert)는 1980년대에 향후 컴퓨터가 아이들의 아이디어 표현과 문제 해결의 도구가 될 것이라고 전망했다. 비슷한 시기에 컴퓨터 교육을 실시한 앨런 케이(Alan Kay)도 '다이나북(Dynabook)' 개념을 제시하면서 모든 연령층의 어린이를 위한 개인용 컴퓨터가 필요하고 여기에 어떤 기능이 필요한지에 대해 설명했다. 앨런 케이는 다이나북이 프로그래밍 및 문제 해결의 도구로 텍스트, 이미지, 애니메이션, 음악 등을 제작하고 재생하는 표현의 매체가 될 것이라고 전망했다.

패퍼트의 정신을 이어 받은 MIT의 미첼 레스닉(Mitchel Resnick) 교수가 개발한 스크래치(Scratch)는 '창의 컴퓨팅(Creative Computing)' 교육을 추구하고 있다[22]. 2024년 1월에 한국에서 실시한 워크숍에서는 스마트폰 코딩 도구인 '옥토 스튜디오(Octo Studio)'를 활용한 창작물 만들기를 교육했다. 당시 필자도 워크숍에 참여했고 이후 한국 교사들을 대상으로 워크숍을 두 차례 진행하기도 했다. 창의 컴퓨팅 워크숍의 핵심은 자신의 아이디어를 디지털 창작물로 만들면서 컴퓨팅 사고를 발현하고 확장하는 것이다. 최근 스크래치 재단에서 개최한 웨비나 자료를 살펴보면 창의 컴퓨팅의 실천을 위해서는 4P(열정, 동료, 놀이, 프로젝트)와 목적을 제시하고, 학습 환경은 낮은 문턱, 넓은 벽, 높은 천장으로 설계해야 하며, 학습 활동은 상상하기 – 창작하기 – 놀기 – 공유하기 – 성찰하기 – 다시 상상하기로 구성할 것을 제시하고 있다[23].

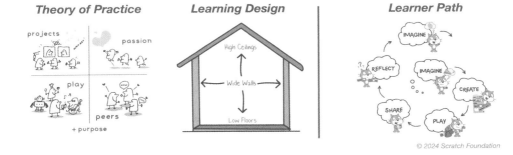

창의 컴퓨팅 실천, 학습 설계, 학습 절차[24]

---

22) 미첼 레스닉(2018). 미첼 레스닉의 평생유치원. 최두환 역. 다산사이언스
23) 미첼 레스닉(2018). 미첼 레스닉의 평생유치원. 최두환 역. 다산사이언스
24) 스크래치 재단. 2024.

이 창의 컴퓨팅 방법은 학생들의 창의성을 촉진하고 증진하는 데 효과적이다. 지난 10여 년간 스크래치를 아이들에게 가르쳤더니 창의성이 증진되었다는 다양한 사례가 보고되고 있다[25]. 미국 샌프란시스코 박물관의 팅커링 스튜디오에서는 디지털 도구를 활용하여 창의성을 기르는 교육 프로그램을 진행하고 있다[26].

최근에는 AI 기술을 적용하여 디지털 창작을 촉진하는 교육이 활발해지고 있다. 전 세계 초중등 코딩교육에서 가장 많이 사용되는 code.org에서는 코딩 교육에 AI 기술을 적용한 도구와 콘텐츠를 개발하고 있다. 2024년 11월에 개최한 웨비나에서는 디지털 음악 창작 도구인 뮤직랩(Music Lab)에 생성형 AI를 접목한 기능을 선보였다. 뮤직랩은 스크래치와 비슷한 블록형 코드를 이용해서 작곡할 수 있는데 드럼 패턴을 만드는 상황 등[27]에서 생성형 AI를 이용하여 도움을 받을 수 있다.

최근 코딩 도구에는 AI 기능이 적용되고 있어서 단순한 문법 맞춤이나 반복적인 작업은 간단한 처리가 가능하다. 창의 컴퓨팅 교육에서 AI를 활용하려면 4P를 지원하는 방법을 고려할 수 있는데[28] 미첼 교수는 학생들이 프로젝트를 만들면서 생성형 AI를 사용할 수 있는데 이때 학생들이 창의적인 통제력을 유지할 수 있도록 해야 한다고 주장한다. 구체적으로는 프로젝트를 시작할 때 아이디어가 막히면 몇 가지 초기 아이디어를 입력하고 아이디어를 구체화하거나 개선사항을 요구하는 데 사용하는 것이다. 또한 코드가 제대로 작동하지 않을 때, 문제점을 설명하고 디버깅에 도움을 받는 데 활용이 가능하다고 제시한다. 미첼 교수는 생성형 AI를 코딩 교육에 접목할 때 우려되는 점과 장점이 공존한다고 하면서 교사는 학습자에게 어떤 교육 내용과 환경을 제공하려고 했는지 원래 목적을 잊지 말아야 한다고 강조한다. 그리고 학습자에게 기술에 대한 통제감, 자신만의 설계와 문제 해결 전략, 창작의 즐거움, 서로의 작품을 재수정하는 커뮤니티, 다양성 지원 등의 기회를 제공할 수 있는지를 확인해야 한다고 말한다[29]. MIT의 앱 인벤터팀(App Inventor)과 스크래치팀에서는 현재 생성형 AI를 도입한 하이브리드(Hybrid) 형태의 코딩 방법을 연구하고 있다.

　필자는 2024년 11월 MIT 평생유치원 연구소에 방문해서 개발진인 로젠바움(Rosenbaum) 박사로부터 프로토타입 버전의 시연을 보게 되었는데 교육자로서 어떻게 준비해야 할지 다음과 같은 필요를 재차 실감했다. 'AI 시대에도 사람의 창의성과 문제 해결력 증진이 교육의 목표이기 때문에 '확장된 컴퓨팅 사고력(ECT)'의 교육 내용과 방법이 개발되어야 한다.'

25) 미첼 레스닉(2018). 미첼 레스닉의 평생유치원. 최두환 역. 다산사이언스
26) https://www.exploratorium.edu/tinkering/projects/octostudio-patterns
27) https://studio.code.org/s/music-jam-2024/lessons/1/levels/9
28) https://mres.medium.com/ai-and-creative-learning-concerns-opportunities-and-choices-63b27f16d4d0
29) 상동.

6. AI 시대 핵심 지식과 교육과정의 지향

현대 교육에서 추구하는 표준 교육과정은 20세기에 성문화되었는데 초등 저학년은 자국어 읽기와 쓰기, 셈하기를 기본으로 하며 중등 교육과정에서는 수학, 언어, 과학, 역사, 지리로 확장하는 구성을 가진다. 교육의 목적은 내재적, 외재적으로 구분하지만 결국 개인의 성장과 사회에서 요구하는 보편적 진리를 전수하는 것이 이상적인 모습이었다[30].

교육과정을 구성하는 학문의 사조는 교과가 기반이 되는 지식 중심이냐 생활의 문제해결을 중심으로 하는 경험 중심이냐 사이에서 줄다리기해 왔다. 우리나라의 경우 각 교과의 기반이 되는 국가 교육과정에서 모든 교과의 목표가 일상생활의 문제해결과 연관되도록 했다. 2022 개정 교육과정에서는 지식/이해, 과정/기능, 가치/태도의 내용 요소를 가르쳐야 할 내용으로 설정하고 특히 영역별 '핵심 아이디어'는 해당 영역의 학습을 통해 일반화할 수 있는 내용을 핵심적으로 진술해 두었는데 이를 각 교과의 핵심 지식(기능과 태도를 포함)이라 볼 수 있다.

AI 시대 이전에는 이런 핵심 지식을 교사의 설명이나 학생의 탐구를 통해 학습할 수 있었다면 AI 시대에는 교사의 설명, 학생의 탐구에 AI의 활용이 더해진다. 앞서 살펴본 바와 같이 AI와 대화하면서 핵심 지식을 학습할 수 있고, 탐구 과정에서도 AI와 대화하면서 지식을 습득할 수 있다. AI 전문가인 박태웅 의장은 세계경제포럼의 미래교육 보고서 〈학습의 미래 만들기: 교육 4.0에서 인공지능의 역할〉을 들면서 교육에서의 '파트너로서의 인공지능(AI as a Partner)' 개념을 제안했는데[31] AI가 교사의 역할을 최적화하고, 평가와 의사결정을 개선하며, 개인화된 학습 경험을 제공할 수 있다는 것이다. 여러 전문가들도 AI를 사용하여 질문과 답변을 통해 학습하게 되는 변증법적 교수법이 개인화된 학습을 가능하게 할 것이라 예측하고 있다[32].

이를 바탕으로 미래교육에서 꼭 가르쳐야 할 핵심 지식은 2022 개정 교육과정에서 제시하는 영역의 핵심 지식, AI를 활용해서 자신에게 필요한 지식을 학습할 때 필요한 AI 리터러시와 비판적 사고력, AI와 협력하여 문제를 해결하는 방법, AI를 윤리적으로 올바르게 활용하는 태도라고 할 수 있다. '디지털 네이티브' 용어를 만든 마크 프렌스키(Mac Prensky)는 미래 교육과정이 청소년에게 학습 내용과 기술을 미리 심어 주는 과정이라기보다 어릴 때부터 세상을 개선하는 지속적인 프로젝트를 통해 지식과 기량, 기술을 성공적으로 통합하고 기계와 공생하는 역량 있는 하이브리드형 인간을 만드는 시스템으로 새롭게 인식되어야 한다고 주장했다[33]. 최재붕 교수는 미래 교육에 대한 교육 전략으로 'AI 사피엔스'들이 디지털 플랫폼에서 많은 사람과 소통하고, 지식을 나누고, 인맥을 만들고, 그걸 바탕으로 협력해 새로운 사업을 기획하는 디지털 신인류이므로 스스로 학습할 수 있는 기회와 환경을 제공하는 것이 중요하다고 말했다[34].

30) 마크 프렌스키(2023), 세상에 없던 아이들이 온다, 한문화.
31) 박태웅(2024), 박태웅의 AI 강의 2025, 한빛비즈.
32) 헨리 A. 키신저, 에릭 슈미트, 대니얼 허튼로커(2023), AI 이후의 세계, 김고명 역, 월북.
33) 마크 프렌스키(2023), 세상에 없던 아이들이 온다, 허성심 역, 한문화.
34) 최재붕(2024), AI 사피엔스, 쌤앤파커스.

또한 2022 개정 교육과정은 2025년부터 고교학점제를 전면 도입해서 학생의 학습 선택권을 보장하고 선택과목의 폭을 일반선택, 진로선택, 융합선택으로 다각화하였다. 이상적으로는 학생들이 공통과목을 배운 후 자신이 원하는 과목을 선택할 수 있어 학습 경로의 다양화가 가능해 졌다. OECD 미래교육 나침반에서 제시한 학생의 소질과 적성에 따른 다양한 학습 경로가 구현될 수 있는 것이다. 현실적으로 우리나라는 대학 입시가 바뀌지 않는 한 초중고 교육과정의 진정한 변화나 다양한 학습경로를 통한 진로 설계란 현실성이 없다는 주장이 팽배한데 최근 상대평가 위주의 대학 입시의 폐해가 사회적으로 더욱 부각되고 있고 AI 시대를 대비한 교육혁신의 필요성이 높아지고 있는 또 다른 현실이 줄세우기식의 대학 입시를 개혁해 낼 수 있을 것으로 본다.

더욱이 AI 시대는 지식의 양과 실용성의 주기가 짧아지고 있다. 이 시대의 교육과정은 각 교과에서 가르쳐야 할 기본 핵심 지식을 최소화하고 학생의 호기심과 관심에 따라 스스로 학습 내용을 선택하여 AI와 협력하여 탐구하는 '확장된 구성주의'를 기반으로 한 개인화된 맞춤형 교육과정으로 변화해야 한다.

데이터와 코드로 진화하는 학교 현장의 실제

송석리 (서울고등학교 교사)

1. 문제 해결 능력 함양의 도구
2. 전 과목 데이터 분석 · 활용 융합교육의 진화: 오렌지3
3. 수학 · 과학 프로젝트 수업의 진화: 비주얼 파이썬
4. 교사의 디지털 기반 문제 해결 능력이 학교를 변화시킨다

1. 문제 해결 능력 함양의 도구

"Most people overestimate what they can do in one year and underestimate what they can do in ten years."

(사람들 대부분은 1년 동안 해낼 수 있는 일은 과대평가하고, 10년 동안 해낼 수 있는 일은 과소평가한다.)

 — 빌 게이츠(Bill Gates)

1940년대 디지털 컴퓨터가 발명된 이후 컴퓨터는 수많은 진화를 거쳐 왔지만 코드와 데이터를 통해 문제를 해결한다는 본질은 변하지 않았다. 이는 생성형 인공지능 시대에도 마찬가지다. 최근 생성형 인공지능으로 인해 일자리가 가장 큰 타격을 받고 있는 영역이 코딩 분야라는 말이 있다. 이를 반대로 생각해 보면 코딩에 생성형 AI를 잘 활용하는 것이 생성형 AI를 가장 효과적으로 사용하는 방법일 수 있다.

한편 생성형 AI가 온 세상을 다 바꿀 것 같은 요즘이지만 정작 학교 현장에서는 생활기록부 작성에 생성형 AI를 활용하는 이슈를 제외하고 피부에 와닿는 커다란 변화가 보이지 않는 것도 사실이다. 하지만 이미 세상은 인공지능으로 인해 큰 변화를 맞이하고 있고 우리 학생들이 인공지능을 사용해 문제를 해결해야 하는 세상에서 살아가게 될 것이라는 점 또한 명백한 사실이 되었다.

이런 시대를 눈앞에 둔 지금, 새롭게 등장하는 인공지능 서비스를 익숙하게 다루는 스킬을 제외하고 우리 공교육에서는 어떤 것을 준비해야 할까? 결론부터 말하자면 결국 '문제 해결 능력'을 키우는 것이 중요하다. 이 글에서는 데이터와 코드로 다양한 학문 분야와 실제 생활의 문제를 해결하는 능력을 어떻게 키워 줄 수 있는지에 대해 살펴보고자 한다.

2. 전 과목 데이터 분석·활용 융합교육의 진화: 오렌지3

21세기에 들어서며 데이터는 우리 삶의 모든 영역에서 핵심적인 역할을 하게 되었다. 이러한 변화를 인식한 OECD는 2019년, 미래 교육의 핵심 기반으로 데이터 리터러시를 제시하며 "데이터에서 의미 있는 정보를 도출하는 능력, 데이터를 읽고 작업하고 분석하고 논쟁하는 능력, 차트를 적절하게 읽는 방법, 데이터에서 올바른 결론을 도출하는 방법, 데이터가 오해의 소지가 있거나 부적절한 방식으로 사용되는 경우를 인식하는 방법을 포함하여 데이터가 의미하는 바를 이해하는 능력[1]"이라고 설명했다. 여기서 말하는 데이터 리터러시는 단순히 데이터를 읽고 이해하는 것을 넘어서는 포괄적인 개념이다.

압축적으로 말하자면 데이터 리터러시는 우리가 마주하는 수많은 정보의 홍수 속에서 진정으로 의미 있는 것을 찾아내는 능력이다. 차트나 그래프를 올바르게 해석하는 기본적인 스킬에서부터 데이터를 다양한 각도에서 분석하고 그 속에서 유의미한 패턴을 발견하는 것까지를 포함한다. 나아가 데이터가 잘못 사용되거나 왜곡되는 상황을 판별할 수 있는 비판적 사고력까지 아우른다.

이런 데이터 리터러시가 강조되는 것은 우리 학생들이 마주하게 될 미래 사회에서 데이터 기반 의사결정이 더욱 중요해질 것이기 때문이다. 단순한 기술적 능력을 넘어, 데이터를 통해 세상을 이해하고 문제를 해결하는 능력이 미래 교육의 핵심 요소로 자리 잡을 수 밖에 없는 이유다.

현 시대의 데이터 전문가들은 대부분 파이썬(Python) 또는 R과 같은 텍스트 프로그래밍 언어를 기반으로 데이터 분석을 한다. 이미 고등학교 정보 교과에서는 파이썬 프로그래밍 언어를 기반으로 한 수업이 활발하게 이루어지고 있기 때문에 그동안 고등학교에서 데이터 분석 수업을 할 때 파이썬을 활용하는 경우가 많았다.

하지만 텍스트 프로그래밍 언어를 활용한 데이터 교육은 텍스트 프로그래밍 언어를 자유롭게 활용하는 데 어려움을 겪는 학생들에게는 장벽으로 느껴진 것도 사실이었다. 이에 대한 대안으로 엔트리(Entry)와 같은 블록형 프로그래밍 언어로 데이터 분석을 하는 교육용 도구들도 많이 활용되고 있지만, 최근에 학교 현장에서는 오렌지3(Orange3)라는 노코드 기반의 데이터 분석 도구가 주목받고 있다.

오렌지3는 슬로베니아 류블랴나 대학에서 개발한 오픈소스 데이터 분석 및 시각화 도구로, 직관적인 드래그 앤 드롭 방식으로 기계학습 같은

1) Organisation for Economic Co-operation and Development.(2019). OECD future of education and skills 2030: OECD learning compass 2030. A series of concept notes.

심화된 데이터 분석까지 할 수 있다는 장점이 있어 텍스트 프로그래밍 언어를 배우지 않은 학생들에게 데이터 교육을 제공하는 데 특히 각광받고 있다.

오렌지3의 큰 장점은 데이터 분석의 전 과정을 시각적으로 보여 준다는 점이다. 기존에는 텍스트 코드를 읽고 해석할 수 있어야만 전체 데이터 분석의 과정을 이해할 수 있었지만, 오렌지3는 그래픽 기반으로 데이터를 불러오는 것부터 시작해서, 전처리, 기계학습, 시각화에 이르는 모든 과정을 아이콘과 같은 형태의 위젯을 연결하여 전체 과정의 흐름이 직관적으로 표현된다[2]. 이는 학생들이 데이터 분석의 각 단계를 명확하게 이해하고, 자신의 분석 과정을 체계적으로 설계할 수 있게 해 준다.

실제로 이러한 특성 때문에 2022 개정 교육과정의 고등학교 정보 교과서를 살펴보면 많은 교과서에서 데이터 단원과 인공지능 단원에서 오렌지3를 주요 도구로 사용하고 있다.

실제 수업 현장에서 오렌지3를 활용한 데이터 프로젝트는 다음과 같은 방식으로 진행될 수 있다. 먼저 학생들은 자신의 관심 분야나 실생활의 문제와 관련된 데이터를 선택한다. 예를 들어, 학교 급식 만족도 조사 결과나 지역 사회의 환경 데이터 등을 활용할 수 있다. 그다음 오렌지3의 다양한 위젯들을 활용하여 데이터를 탐색하고, 의미 있는 패턴을 발견하며, 최종적으로는 자신들의 발견을 시각적으로 표현하고 발표하는 과정을 거친다.

이러한 과정이 유의미한 것은 단순히 도구 사용법을 가르치는 것이 아니라, 학생들이 실제 문제 해결 과정에서 데이터를 어떻게 분석하고 활용하는지를 경험하게 한다는 점이다. 오렌지3는 코딩이나 통계에 대

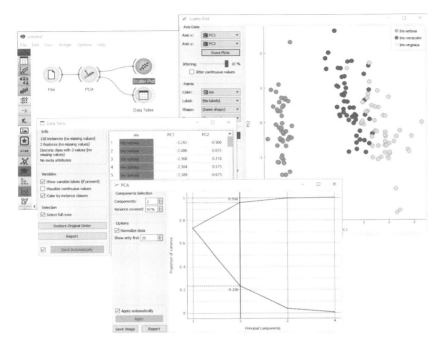

오렌지3 화면 예

한 깊은 지식 없이도 전문적 수준의 데이터 분석이 가능하기 때문에 학생들은 기술적 장벽에 부딪히지 않고 데이터 분석의 본질에 집중할 수 있다.

오렌지3의 이런 장점은 정보 수업뿐 아니라 다른 과목에서의 데이터 활용 활동을 용이하게 한다. 실제 최근에는 정보 수업뿐 아니라 수학, 과학 수업 등에서도 데이터를 활용한 수업에 오렌지3를 활용하는 사례들

---

2) https://orangedatamining.com/screenshots

이 늘고 있다.

사실 데이터 교육은 데이터 분석하는 방법만을 배우기 위한 교육이 아니고, 데이터 분석과 더불어 데이터를 통계적으로 해석할 수 있는 능력과 함께 학생들이 스스로 수집한 데이터를 바탕으로 다양한 영역의 문제를 실제로 해결하는 문제 해결 능력을 키우기 위한 교육이어야 한다. 따라서 정보와 같은 특정 교과에서만 데이터를 다루는 것이 아니라 다양한 교과에 걸쳐 데이터를 기반으로 문제를 해결하는 융합적 프로젝트가 이루어지는 것이 중요한데 이는 그동안 파이썬과 같은 코드의 장벽으로 인해 제한되기 쉬웠다. 하지만 오렌지3의 도입으로 인해 이 장벽이 크게 낮아졌고 다양한 교과에서 데이터 기반 탐구 활동을 보다 쉽게 진행할 수 있게 되었다.

이를 통해 오렌지3가 2022 개정 교육과정의 기초 소양인 디지털 소양을 기르기 위한 다양한 교과의 융합을 돕는 핵심 도구에 해당한다고도 볼 수 있다. 오렌지3와 같은 노코드 데이터 분석 도구를 활용하면 학생들에게 다음과 같은 교육적 효과를 제공할 수 있다.

· 코딩 없이도 데이터 분석이 가능하므로, 프로그래밍에 익숙하지 않은 학생들도 쉽게 데이터 분석을 경험할 수 있다.
· 시각적인 분석 과정을 통해, 데이터 분석의 전 과정을 한눈에 파악하고 데이터 리터러시를 기를 수 있다.
· 다양한 학문 분야와 연계 가능하므로, 특정 교과에 국한되지 않고 여러 과목에서 데이터를 활용한 프로젝트 기반 학습이 가능하다.
· 데이터 활용에 대한 자신감 향상: 많은 학생들이 데이터 분석은 어

렵다는 선입견을 가지고 있지만, 오렌지3를 활용하면 이러한 부담 없이 데이터를 다룰 수 있다는 자신감을 가질 수 있다.

현재 많은 학교에서 오렌지3를 활용한 정보 수업을 진행하고 있지만, 앞으로는 더욱 다양한 교과에서 데이터 기반 프로젝트 활동이 이루어질 것으로 기대된다. 예를 들어 다음과 같은 활동을 오렌지3로 진행하면 코딩이나 통계 관련 지식 없는 학생도 데이터 분석을 직접 수행해 활용하는 경험을 가지게 된다. 오렌지3는 단순한 데이터 분석 도구를 넘어, 학생들이 데이터를 통해 문제를 정의하고 해결하는 과정 자체를 경험할 수 있도록 돕는 강력한 도구로 자리 잡을 것으로 보인다.

결론적으로 오렌지3는 프로그래밍에 대한 장벽을 없애고 낮추고 학생들이 데이터를 직관적으로 다루고 활용할 수 있도록 해 준다. 이를 통해 데이터 리터러시 교육이 폭넓게 확산될 수 있으며, 학생들은 데이터를 활용한 탐구와 문제 해결 능력을 갖출 기회를 확보하여 미래 인재로 성장할 가능성이 높아질 것이다.

⑩ 오렌지3를 활용해 서울의 연평균 최저기온 시각화하기

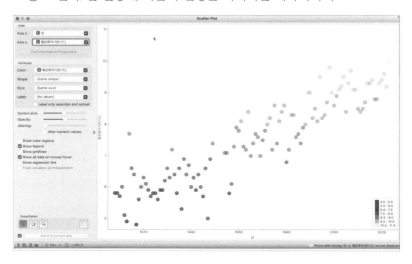

⑩ 머신러닝으로 30년 후의 기온 예측하기

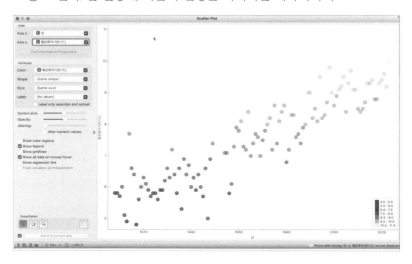

㉕ 새로운 가설을 바탕으로 데이터의 기간을 다양하게 설정한 머신러 닝 모델 설계하기

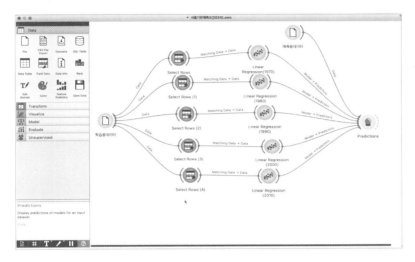

㉕ 다양한 가설에 따른 예측 결과 비교 분석하기

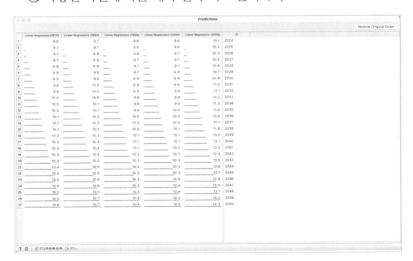

3. 수학·과학 프로젝트 수업의 진화: 비주얼 파이썬

2024년 과학계는 인공지능(AI) 연구의 혁신적인 성과를 인정하며 노벨상 수상자를 결정했다. 노벨 물리학상은 인공신경망을 활용한 머신러닝 기법을 발전시킨 연구자들에게, 노벨 화학상은 AI를 이용해 단백질 구조를 예측하는 기술을 개발한 과학자들에게 돌아갔다. 특히, 노벨 화학상을 받은 딥마인드(DeepMind)의 알파폴드(AlphaFold)는 단백질 구조 예측을 통해 신약 개발의 패러다임을 바꾸었으며, AI와 프로그래밍이 현대 과학 연구에서 필수적인 도구임을 입증했다. 이는 현대 과학에서 복잡한 계산과 시뮬레이션, 방대한 데이터 분석이 필수이고, 이를 수행하기 위한 프로그래밍과 알고리즘 이해가 더 이상 선택이 아닌 필수 역량임을 세상에 각인시킨 일이었다.

그렇다면 이러한 변화 속에서 교육 현장은 어떻게 대응해야 할까? 미래의 과학자들에게 프로그래밍 능력은 필수가 되었으며, 이를 수학과 과학 교육과 융합하는 것이 점점 더 중요해지고 있다. AI와 데이터 과학이 과학 연구뿐만 아니라 산업 전반으로 확산됨에 따라, 학생들이 컴퓨팅 사고력과 문제 해결 능력을 갖출 수 있도록 교육의 방향도 변화해야 한다. 이러한 변화는 교육 현장에도 큰 영향을 미치고 있으며, 수학과 과학 교육에서도 파이썬(Python)을 활용한 융합 교육의 시도가 점차 확산되고 있다.

하지만 텍스트 기반의 프로그래밍을 활용하여 수학·과학 개념을 가르치는 과정에서 시각적 피드백이 부족한 경우 학생들이 개념을 직관적으로 이해하는 데 어려움을 겪을 가능성이 크다. 예를 들어, 등가속도 운동을 배우는 과정에서 수식을 코드로 표현하거나 정적인 그래프를 그리는 것만으로는 운동의 본질을 체감하기 어렵다. 하지만 공이 낙하하는 모습을 직접 눈으로 확인하면, 같은 개념이라도 더 깊이 이해할 수 있다. 따라서 프로그래밍 기반 학습에서도 텍스트 출력 결과만 확인하는 것이 아니라 3차원 시뮬레이션을 통해 개념을 시각적으로 표현할 수 있는 환경이 필요하다.

　이러한 문제를 해결하기 위해 시각적인 피드백과 직관적인 조작이 가능한 도구인 '비주얼 파이썬(VPython, Visual Phython)'이 최근 주목을 받고 있다. 비주얼 파이썬은 파이썬을 기반으로 한 3차원 그래픽 라이브러리로, 물리적 현상을 시각적으로 표현하고 시뮬레이션할 수 있는 도구이다. 이 도구는 최초에는 대학교에서 물리학 교육에서 사용하기 위해 만들어졌지만, 3D 시뮬레이션 기반의 프로그래밍을 활용하여 학생들이 코드를 실행하는 즉시 시각적으로 개념 확인을 할 수 있도록 지원하며, 개념 이해를 넘어 학생들이 스스로 만들고자 하는 수학, 과학 개념을 가상 공간에 구현할 수 있다는 장점이 확인되며 최근 중등 교육에서의 디지털 기반 수학, 과학 융합 교육에서 활용 가능성을 높게 평가받고 있는 도구다.

　비주얼 파이썬을 활용한 융합 프로젝트 수업은 다음과 같은 방식으로 진행할 수 있다.

① 프로젝트 주제 선정

학생들은 수학적 개념이나 과학적 현상과 관련된 주제를 선택한다. 예를 들어, 아래와 같이 다양한 주제를 선정하여 실험적인 탐구를 진행할 수 있다.

- 물리학: 중력에 따른 물체의 운동, 탄성충돌 실험, 전자기장 시뮬레이션
- 수학: 기하학적 도형의 특성, 삼각함수 그래프의 변화, 다양한 프랙탈 구조의 형성
- 기타 융합 주제: 인공위성 발사 시뮬레이션, 진자의 운동 등

② 시뮬레이션 설계 및 실험 조건 설정

비주얼 파이썬을 활용하여 선택한 주제에 대한 시뮬레이션을 설계하고, 실험 변수를 조정하며 개념을 탐구한다.

- 중력 실험에서는 중력 가속도를 변화시켜 물체의 낙하 속도 비교
- 탄성충돌 실험에서는 질량과 초기 속도를 다르게 설정하여 충돌 후 운동량 보존 확인
- 파동 실험에서는 주파수와 진폭을 조정하여 파동의 전파 특성을 시각적으로 탐색

이러한 실험을 통해 학생들은 텍스트와 종이 위에서 배우던 개념을 실제 움직임과 연결하여 탐구할 수 있으며, 직접 변수를 조작하며 개념에 대한 직관적으로 이해할 수 있다.

③ 결과 해석 및 개념 탐구

시뮬레이션을 실행한 후, 학생들은 실험 결과를 관찰하고 개념적으로 해석하는 과정을 거친다.

- 속도와 위치 변화 비교: 등가속도 운동 시, 시간에 따른 속도 변화 그래프를 분석하며 수식과 현실 간의 연결을 이해
- 실험 조건에 따른 차이 탐색: 같은 높이에서 떨어지는 두 물체가 질량에 상관없이 동시에 떨어지는 모습을 보며 갈릴레이 실험을 검증
- 예상과 실제 결과 비교: 충돌 실험에서 운동량 보존법칙을 시뮬레이션과 비교하며, 이론적 가정과 실제 운동의 차이를 분석

이 과정에서 학생들은 단순히 개념을 적용하는 것이 아니라, 변수를 조정하며 탐색하고, 예상과 다른 결과가 나올 경우 그 원인을 분석하는 비판적 사고력을 키울 수 있다.

④ 발표 및 토론

학생들은 자신들이 설계한 시뮬레이션과 그 과정에서 얻은 인사이트를
정리하여 발표한다. 이때 자신의 프로젝트뿐 아니라 다른 학생들의 프로
젝트 과정을 통해 다양한 접근 방식을 이해할 수 있게 된다.

- 실험 과정에서의 어려움과 해결 방법 공유
- 예측과 실제 결과의 차이 분석
- 문제 해결의 확대 가능성 및 추가로 해결하고 싶은 문제 제안

이와 같이 비주얼 파이썬을 활용한 수학, 과학 융합 교육은 단순히 기
술적 스킬을 가르치는 것을 넘어, 학생들이 복잡한 개념을 이해하고 문
제를 해결하는 능력을 키우는 데 크게 기여할 것으로 보인다. 특히 디지
털 세상에서 수학과 과학 교육은 종이와 펜을 넘어, 데이터와 코드로 생
각과 상상을 표현할 수 있는 형태까지 포함시킬 수 있도록 변화되어야
하는데 비주얼 파이썬이라는 도구는 이러한 교육적 목표를 달성하는 데
있어 강력한 도구로 역할을 할 것이다.

㉔ 통합과학의 자유낙하 운동 시뮬레이션 구현하기

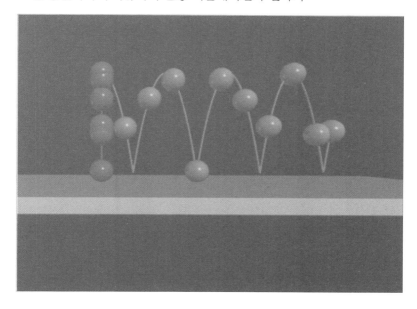

㉔ 삼각함수로 물체의 회전 구현하기

4. 교사의 디지털 기반 문제 해결 능력이 학교를 변화시킨다

앞서 오렌지3와 비주얼 파이썬을 활용하여 학생들의 문제 해결 능력을 키우는 방법을 살펴보았다. 하지만 이를 효과적으로 지도하려면 교사들 스스로 디지털 기반 문제 해결 역량을 갖추는 것이 중요하다. 생성형 AI 를 활용하면 교사의 업무를 자동화할 수 있지만, 개인정보 보호 문제나 할루시네이션(hallucination) 등의 위험을 고려하면 AI가 직접 결과물을 생성하는 방식보다는 교사의 지도하에 AI를 활용하여 데이터를 분석하거나 행정 업무를 효율화하는 프로그램을 개발하는 것이 더욱 안전하기 때문이다.

이미 학교 현장에서는 코드와 데이터를 활용한 다양한 시도가 이루어지고 있다. 예를 들어, PDF 파일을 PPT로 변환하는 도구를 스트림릿으로 개발해 문서 작업을 자동화한 사례, PDF 파일을 원하는 페이지로 분할하는 도구를 만들어 편집을 간소화한 사례, 업무포털 사이트 자동 로그인 프로그램을 개발해 반복적인 로그인 절차를 줄인 사례, 정기고사 점수 배점을 자동 계산하는 프로그램을 활용해 업무 효율을 높인 사례 등이 있다. 이러한 사례들은 교사들이 직접 디지털 도구를 활용하여 작은 문제부터 해결해 나갈 수 있다는 가능성을 보여 준다.

이처럼 교사들이 코드와 데이터를 다룰 수 있다면 학교 현장에서 실질적인 문제 해결 역량이 길러질 뿐만 아니라, 교사들 간 협력을 통해 새로운 해결 방법이 공유될 수 있다. 모든 교사가 지금 당장 스스로의 모든 문제를 해결해 낼 필요는 없지만, 주변에서 디지털 기술을 활용하여 문제를 해결하는 모습을 보며 디지털 세상에서의 문제 해결 방법과 그 가능성을 이해할 기회를 얻게 된다. 물론 이렇게 직접 도구를 만들어 문제를 해결하는 방식이 과거에는 코딩에 대한 높은 전문성이 있는 극소수의 교사에게만 가능했던 일이었지만, 이제는 생성형 AI의 발전으로 인해 간단한 연수만으로도 교사들이 스스로 문제를 발견하고 손쉬운 도구들을 이용해 해결해 낼 수 있는 환경이 마련되고 있다. 이러한 경험이 학교 내에서 공유되고 문화로 자리 잡으면, 학생들에게도 자연스럽게 디지털 기반 문제 해결 능력을 기를 기회가 더 많이 제공될 것이다.

이러한 변화는 학교 내부에서만 의미를 가지는 것이 아니라, 정부나 에듀테크 기업과의 협력 방식에도 큰 영향을 미친다. 그동안 기업과 학교 간 협력에서 가장 큰 문제는 학교가 문제를 알고 있지만 기술적 전문성이 부족하여 해결 방법을 찾지 못하는 반면 기업은 자원과 기술력을 갖추고 있음에도 학교 현장의 문제를 제대로 이해하지 못한다는 점이었다. 기업은 문제를 정의하는 데 많은 시간과 노력을 기울여야 했고, 결국 어렵게 개발한 솔루션이 현장에서 외면당하는 경우도 많았다.

이런 문제를 해결하려면 기업이 학교를 이해하는 것보다, 학교가 디지털 기반 문제 해결 방법을 익히고 이를 활용하도록 하는 것이 더욱 효과적이다. 교사들이 스스로 발견한 문제를 직접 정의하고 해결하는 경험을 갖게 되면, 교육 현장에서 필요한 솔루션을 명확하게 정의하고, 정부나 교육청, 기업과의 협력 과정에서 학교 현장의 구체적인 요구 사항과 제약 조건을 전달할 수 있다. 즉, 디지털 기술의 사용자에 머무르는 것이 아니라, 현장의 문제를 발굴하고 선제적으로 해결책을 제안하는 능동적인 문제 해결자로 역할을 확대할 수 있다.

결국, 학교 현장의 선생님들이 단순한 기술 수요자가 아닌, 문제 해결의 주체로 자리 잡는 것이 교육 혁신의 핵심 열쇠가 될 것이다. 교사들이 AI를 비롯한 디지털 도구를 적극적으로 활용하며 데이터와 코드를 기반으로 문제를 해결하는 경험을 쌓는다면, 기존에는 발견되지 않고 해결되지 않았던 많은 문제가 해결될 것이다. 그리고 이러한 변화가 축적되면, AI 기반 교육 도구들이 교육 현장의 실제 요구를 더욱 정밀하고 안전하게 반영할 수 있는 환경이 조성될 것이다. 앞으로 AI와 디지털 기술의 현장 도입과 함께 학교 현장의 선생님들의 디지털 기반 문제 해결 능력을 키우는 데도 정부와 교육청이 많은 관심과 노력을 가져 주기를 기대한다.

AI 디지털교과서, 어떻게 활용할 것인가?

정영식 (전주교육대학교 컴퓨터교육과 교수)

1. AI 디지털교과서의 이해

2. AI 디지털교과서의 활용

3. AI 디지털교과서의 교수 모델

1. AI 디지털교과서의 이해

디지털교과서는 2007년 '디지털교과서 상용화 추진 계획'에 따라 2008년에 처음 디지털교과서 원형(prototype)을 개발하였다. 당시 디지털교과서 원형은 초등학교 5~6학년 국어, 수학, 사회, 과학, 영어, 음악 등 6개 과목을 대상으로 개발하였으며, 시범학교를 대상으로 운영한 후 2015 개정 교육과정에서는 사회, 과학, 영어 등 3개 과목을 개발하였다. 그 당시 디지털교과서는 기존의 서책 교과서에 용어사전, 멀티미디어 자료, 평가 문항, 보충·심화 학습 내용 등 풍부한 학습 자료와 학습 지원 및 관리 기능이 추가되었고, 개념도에는 [그림 1]과 같이 인공지능 기술(이하 AI)과 비슷한 ITS(Intelligence Trainning System)를 활용한 학생들의 학습을 진단하고, 처방하고, 관리할 수 있는 기능이 포함되었다(교육과학기술부, 2012).

〔그림 1〕 디지털교과서의 개념도

출처 : 교육과학기술부(2012)

가. AI 디지털교과서의 개념

기존의 디지털교과서는 서책형 교과서와 차별성이 부족하고, 교사가 콘텐츠를 재구성할 수 없어 학생 수준에 맞는 콘텐츠를 제공하기 어려웠고, 법적 근거도 미비하여 학교 현장에서의 활용도도 높지 않았다. 이러한 문제를 해결하기 위해 교육부는 2023년에 AI 디지털교과서 추진 방안을 발표하고, 교과용 도서에 관한 규정을 다음과 같이 개정하면서 디지털교과서를 지능정보화기술을 활용한 학습 지원 소프트웨어로 정의하고 '교과서'로 명시하였다.

【교과용도서에 관한 규정】(대통령령 제33829호, 2023.10.24. 일부 개정)
제2조 (용어의 정의) 이 영에서 사용하는 용어의 정의는 다음과 같다.
1. "교과용도서"라 함은 교과서 및 지도서를 말한다.
2. "교과서"라 함은 학교에서 학생들의 교육을 위하여 사용되는 학생용의 서책, 지능정보화기술을 활용한 학습지원 소프트웨어(이하 "디지털교과서"라 한다) 및 그 밖에 음반·영상 등의 전자저작물 등을 말한다.
3. "지도서"라 함은 학교에서 학생들의 교육을 위하여 사용되는 교사용의 서책 및 그 밖에 음반·영상 등의 전자저작물 등을 말한다.

AI 디지털교과서는 지식 전달의 도구를 넘어 학습자의 특성과 요구를 반영한 학습 경험을 제공함으로써 학교 체제를 맞춤형 교육 체제로 전환하고 있다. AI 디지털교과서의 특징을 살펴보면 다음과 같이 학습 분석, 적응형 학습, 인간 중심 설계 등의 특징을 갖추고 있다.

- 학습 분석(Learning Analytics): AI 기술을 활용하여 학생의 학습 진도와 이해도를 분석하고 진단하고 각 학생의 학습 상태를 정확히 파악할 수 있다.
- 적응형 학습(Adaptive Learning): 개인별 학습 수준과 속도를 반영한 맞춤형 학습이 가능하고, 이를 통해 학생들은 자신의 수준에 맞는 학습을 경험할 수 있다.
- 인간 중심 설계(Human−Centered Design): 학생 관점에서 설계된 학습 코스웨어로서 학생들이 더욱 효과적으로 학습할 수 있는 환경을 조성할 수 있다.

나. AI 디지털교과서의 개발 계획

AI 디지털교과서는 학습 분석 결과에 기반하여 학생들에게 보충 학습과 심화 학습의 기회를 제공하고, 학생들의 학습 속도와 능력에 따라 개인화된 교육 경험을 제공함으로써 모든 학습자에게 균등한 교육 기회를 보장하는 것을 목표로 한다. 구체적인 개발 목표를 제시하면 다음과 같다.

첫째, 학습 분석 결과에 따라 느린 학습자에게는 학습 수준에 맞는 기본 개념 중심 콘텐츠를 추천하고, 필요한 경우 학습 결손을 해소할 수 있는 학습 자료를 제공하여 기초학력 보장을 지원한다. 또한 기본 학습 내용을 충분히 이해하고 있는 빠른 학습자에게 토론, 논술 과제 등 심화 학습 콘텐츠를 제공한다.

둘째, 사용자 친화적인 인터페이스를 제공한다. AI 디지털교과서의 비전은 '모두를 위한 맞춤 교육'이므로 이것을 실현하기 위해 장애인이나 다문화 학생들이 쉽게 접근하고 활용할 수 있도록 보편적 학습 설계(UDL, Universal Design for Learning)를 적용한다.

셋째, 데이터 기반의 의사결정을 지원한다. 학생, 교사, 학부모, 정책 입안자 등 교육 주체가 학습 데이터를 기반으로 학생의 학습 과정에 대해 깊이 이해하고, 나아가 국가적 차원에서 교육 정책을 입안하고 결정하는 데 활용되어 공교육의 질을 향상시킨다.

2022 개정 교육과정에 따른 AI 디지털교과서의 도입 시기는 [그림 2]와 같이 영어, 수학, 정보는 2025년부터 적용되고, 사회(역사, 한국사), 과학은

	교과목	기존	변경
초	영어, 수학, 정보	2025년 도입 → 2027년 도입 완료	동일
	사회(역사), 과학	2026년 도입 → 2028년 도입 완료	2027년 도입 → 2028년 도입 완료
	국어, 실과	2026년 도입 → 2028년 도입 완료	적용 제외
중	영어, 수학, 정보	2025년 도입 → 2027년 도입 완료	동일
	사회(한국사)	2027년 도입 → 2028년 도입 완료	2027년 도입 → 2028년 도입 완료
	과학	2026년 도입 → 2028년 도입 완료	
	국어, 기술·가정	2026년 도입 → 2028년 도입 완료	적용 제외
고	영어, 수학, 정보	2025년 도입 → 2027년 도입 완료	동일
	사회(한국사), 과학	2028년 도입	동일
	국어, 실과	2028년 도입	적용 제외
특수	국어	2025년 초등 도입	2027년 중·2028년 고까지 확대
	수학	2026년 초등 도입	2027년 중·2028년 고까지 확대
	생활영어	2027년 도입	적용 제외
	정보통신	2028년 도입	적용 제외

〔그림 2〕 AI 디지털교과서의 도입 시기

출처 : 교육부(2024)

2028년부터 적용할 계획이다. 다만, 국어와 실과, 기술·가정 등은 당초 2028년에 도입할 예정이었으나, 지금은 적용에서 제외하기로 하였다.

2. AI 디지털교과서의 활용

AI 디지털교과서는 학생 개인의 능력과 수준에 맞춘 맞춤형 학습 기회를 제공하기 위한 교과서로, [그림 3]과 같이 인공지능 기술을 활용해 교사, 학생, 학부모 각각의 역할을 확장하고 개별 학습자의 요구를 더욱 정확하게 파악할 수 있도록 돕는 교과서이다. 즉 학생은 최적화된 맞춤학습 콘텐츠로 배우고, 교사는 데이터 기반으로 수업을 디자인하며, 학부

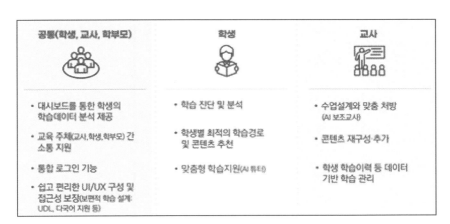

〔그림 3〕 AI 디지털교과서의 주요 기능

출처 : 교육부 외(2023)

모는 자녀의 학습 활동 관련 정보를 풍부하게 제공받을 수 있다(교육부 외, 2023).

가. AI 디지털교과서의 활용 방향

AI 디지털교과서는 방과 후에 학생 혼자서 공부하는 자율학습용 콘텐츠가 아니라, 교실 속에서 교사의 강의와 지원을 받고, 동료 학생들과 함께 사용하는 교과서이다. 따라서 AI 디지털교과서 자체가 수준별 맞춤학습을 제공하는 것이 아니라 교사가 AI 디지털교과서에서 제시되는 학습 데이터를 활용하여 학생 개개인에 적합한 학습 경험을 제공해야 한다. 이러한 AI 디지털교과서를 교실 속에서 활용할 때 지켜야 할 원칙을 정리하면 다음과 같다.

첫째, 인간의 존엄성을 훼손하지 않도록 AI 디지털교과서를 활용해야 한다. 교육 관계자, 발행사와 개발사, 교사 등은 AI 디지털교과서가 학교에 보급됨에 따라 그것이 교사와 학생에게 미치는 긍정적인 영향뿐만 아니라, 부정적인 영향도 고려하여 AI 디지털교과서의 활용으로 인해 교사와 학생 간, 학생과 학생 간의 상호작용이 줄어들고, 인간관계가 소홀해지지 않도록 해야 한다. 또한 학생들이 AI 디지털교과서를 안전하고 책임감 있게 사용하고, AI 디지털교과서에 제시한 데이터와 콘텐츠를 비판적으로 바라보고 자기주도적인 학습 능력을 기를 수 있도록 지도해야 한다.

둘째, 평등한 학습 기회를 보장할 수 있도록 AI 디지털교과서를 활용해야 한다. 언어, 장애, 지역, 계층 등 사회 · 문화 · 경제적 배경에 상관없이 모든 학생들이 AI 기술에 접근할 수 있도록 지원하고, 자신의 수준과 능력에 맞는 개인별 맞춤 교육을 경험할 수 있도록 한다. 또한 AI 디지털교과서를 활용하면서 누구나 학습에 성공할 수 있는 경험을 제공하여 자신감을 갖고 새로운 과제에 도전할 수 있는 기회를 제공해야 한다.

셋째, 교사의 전문성을 기반으로 AI 디지털교과서를 활용해야 한다. AI 디지털교과서에서 제공하는 학습 분석과 진단 결과를 그대로 맹신하거나, AI 보조교사나 튜터가 제공하는 학습 경로와 학습 콘텐츠를 교사의 개입 없이 그대로 학생들에게 노출해서는 안 된다. 더욱이 AI 디지털교과서가 교사를 대체할 수는 없다. AI 디지털교과서는 교사의 수업 준비와 평가 기록과 채점, 분석 등의 업무를 줄여 줌으로써 학생 고유의 능력을 발견하고 효과적인 교수 · 학습 자료를 개발하는 데 더 많은 시간을 할애할 수 있도록 지원한다.

나. 교사의 활용 방법

교사는 AI 디지털교과서를 활용하여 학생 개별의 학습 경로와 지식 수준을 이해하고, 데이터 기반의 참여형 수업(토론, 협력, 프로젝트 학습 등)을 설계할 수 있다. 또한 AI 보조교사 기능을 활용하여 학생들의 학습 상태를 분석하고, 학업 성취도를 평가할 수 있으며, 학생 개인별로 학습 계획을 안내함으로써 학생들의 성장을 지원할 수 있다. AI 디지털교과서를 보조교사로 활용하여 학생들의 학습 상태를 파악하고, 그에 맞게 AI

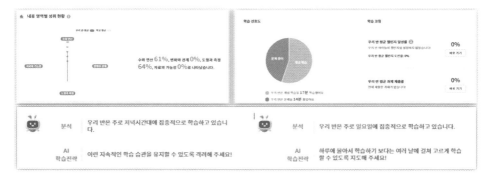

〔그림 4〕 보조교사로서의 AI 디지털교과서

출처 : 천재교과서(2025)

디지털교과서를 재구성하는 방법에 대해 살펴보면 다음과 같다.

첫째, AI 디지털교과서를 보조교사로 활용할 수 있다. AI 디지털교과서는 교사가 학생들의 어려움과 강점을 정확하게 파악하여 개별적인 학습 전략을 제시할 수 있도록 돕는 AI 보조교사 기능이 있다. 즉, AI 보조교사는 [그림 4]와 같이 학생 개인별 학습 수준과 종합 성취도, 총 학습 시간뿐만 아니라, 단원별로 학습할 토픽이나 AI 진단 결과를 토대로 학습 전략을 제시함으로써 교사들이 담당 학생들의 특성을 반영한 교수 · 학습 전략을 수립하고 수업 자료를 준비하는 데 도움을 줄 수 있다.

둘째, AI 디지털교과서에서 제시한 콘텐츠와 자료를 추가, 삭제, 수정하여 학생들의 수준과 특성에 맞게 활용할 수 있다. 즉, 교사는 [그림 5]와 같이 AI 디지털교과서의 단원, 차시, 학습 활동의 학습 순서뿐만 아니라 사용 여부도 재구성할 수 있어 우리 반만을 위한 AI 디지털교과서를 만들어 배포하고, 이것은 우리 반 수업과 AI 맞춤 학습, 우리 반 평가에 적용할 수 있다.

〔그림 5〕 재구성이 가능한 AI 디지털교과서

출처 : 천재교과서(2025)

셋째, 개별 학생들의 학습 이력을 축적하고 이것을 기반으로 개별화된 학습을 추천하는 데 활용할 수 있다. AI 디지털교과서의 콘텐츠 재구성 기능은 반 전체 학생에게 적용되기도 하지만, [그림 6]과 같이 개별 학생들의 학습 패턴과 성취도에 따라 개별화된 학습 경로와 콘텐츠를 제공할 수 있다.

〔그림 6〕 AI 디지털교과서의 개인별 콘텐츠 재구성 기능

출처 : 천재교과서(2025)

다. 학생의 활용 방법

AI 디지털교과서를 활용하는 학생은 자신의 속도에 맞게 학습하며, 성공적인 학습 경험을 통해 내재적 학습 동기와 자아존중감을 향상시킬 수 있다. 학생들은 AI 디지털교과서에서 제공하는 대시보드를 활용하여 자시의 학습 과정과 결과를 진단하고 분석할 수 있으며, 담당 교사나 AI가 추천한 콘텐츠를 학습하여 자신의 부족한 점을 보완할 수 있다. 학생들의 AI 디지털교과서 활용 방법을 구체적으로 살펴보면 다음과 같다.

첫째, 자신의 학습을 진단하고 분석하는 데 활용할 수 있다. AI 디지털교과서는 학습해야 할 내용뿐만 아니라 교사와 학생이 추천하는 학습 현황, 과제, 평가 내용을 보여 준다. 학습 일이나 학습 시간, 문제 풀이 수, 정답률 등을 일별, 주별, 월별 단위로 보여 주고, 단원별 성취 현황과

〔그림 7〕 학습 현황 분석 및 AI 진단 결과

출처 : 천재교과서(2025)

차시별 분석 내용, 성취기준별 분석 내용을 제시하여 자신의 학습 상태와 학업 성취도를 구체적으로 보여 준다. 특히 [그림 7]과 같이 AI 학습 분석 기능을 통해 자신의 강점과 약점을 파악할 수 있어, 학습 코칭이나 맞춤 학습 기능을 활용하여 학습 계획을 체계적으로 수립하고 실천할 수 있다.

둘째, AI 디지털교과서가 추천하는 학습 경로와 콘텐츠를 활용하여 자신의 약점을 보완할 수 있다. AI 디지털교과서는 [그림 8]과 같이 학생들의 학습 이해도와 특성을 분석하여 그것을 기반의 개인의 능력과 학습 목표에 맞춘 학습 경로와 학습 콘텐츠를 추천하고, 교사에게 관련 데이터를 보여 줌으로써 학생들의 학습 계획과 목표에 적합한 콘텐츠를 추천하도록 지원한다. 따라서 학생들은 추천된 학습 콘텐츠를 통해 자신의 약점을 보완하고, 그 결과를 수시로 확인하면서 학업 성취도를 점차 높여 갈 수 있다.

셋째, 단원별, 차시별, 성취기준별 성취 현황을 활용하여 구체적인 학

〔그림 8〕 AI 맞춤 학습과 추천 학습

출처 : 천재교과서(2025)

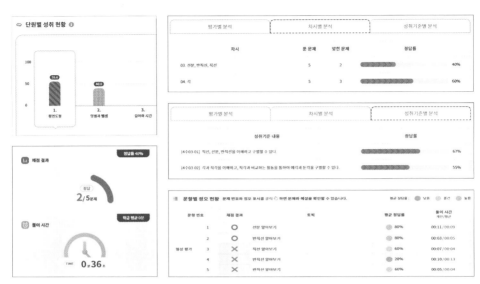

〔그림 9〕 AI 디지털교과서의 성취 현황 분석

출처 : 천재교과서(2025)

습 계획을 수립하는 데 활용할 수 있다. AI 디지털교과서는 [그림 9]와 같이 잘하고 있는 단원과 보완이 필요한 단원을 보여 주고, 차시별, 성취 기준별 정답률를 보여 준다. 뿐만 아니라, 문항별 채점 결과와 풀이 시 간, 평균 정답률 등을 주어 자신의 강점과 약점을 구체적으로 파악할 수 있고, 오답 문제만 따로 모아 풀어 보거나 AI의 추천 학습을 통해 관련 된 개념을 복습할 수 있다.

넷째, 자신의 강점과 약점 분석 결과에 따라 학습을 개선하고, 취약점 을 보완하기 위해 AI 튜터를 활용할 수 있다. AI 튜터는 학생과 자연스 러운 대화형 학습을 가능하게 해 주는 AI 디지털교과서의 기능이다. 문 제를 풀 때 이해가 되지 않거나, 배운 개념에 대한 보충 설명을 듣고자

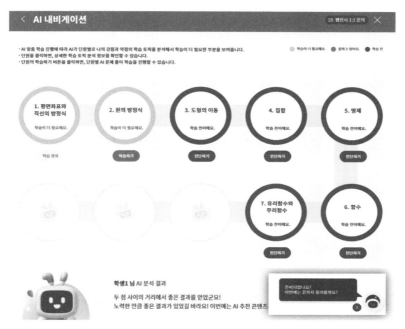

〔그림 10〕 AI 디지털교과서의 AI 튜터 기능

출처 : 천재교과서(2025)

할 때 AI 튜터를 클릭하면 도움을 받을 수 있다. 또한 AI 튜터는 [그림 10]과 같이 학습 경로를 안내하거나 단원별, 차시별 평가 결과를 토대로 진단을 하여 필요한 개념 설명 콘텐츠나 평가 문항을 제공한다. 따라서 학생들은 AI 튜터의 진단 결과나 추천 콘텐츠와 추천 문항 등을 통해 자신의 약점을 보완할 수 있다.

3. AI 디지털교과서의 교수 모델

AI 디지털교과서는 2022 개정 교육과정에 따라 개발된 교과용 도서이지만, 기존의 서책 교과서와 달리 AI 기반의 학습 지원 소프트웨어이면서 동시에 학습 흐름에 따라 전개되는 코스웨어이다.

서책 교과서는 특정 학습 흐름에 따라 제시하기보다는 교과별 교육과정에서 강조하는 핵심 아이디어를 기반으로 한 지식과 이해, 과정과 기능, 가치와 태도를 비선형적으로 제시하고 있다. 이와 달리 AI 디지털교과서는 도입, 전개, 정리, 평가 등 교수·학습 흐름에 따라 제시하고 있다. 다만 교사의 의도에 따라 이러한 흐름을 재구성할 수 있고, 교사와 AI가 제시한 맞춤학습 콘텐츠를 통해 학생 개개인마다 다른 내용을 학습할 수 있다.

또한 서책 교과서를 기반으로 AI 디지털교과서가 개발되었지만, 검정 심사에서 탈락하여 AI 디지털교과서가 없는 경우 서책 교과서와 다른 발행사에서 개발한 AI 디지털교과서를 활용할 수 있다. AI 디지털교과서는 교육과정 체계, 즉 교과별, 영역별, 성취기준에 따라 개발되어, 사용하고 있는 서책 교과서의 출판사와 다르더라도 성취기준에 따라 교수·학습이 가능하다. 실제로 AI 디지털교과서 개발 가이드라인을 살펴보면, 각 교과별 내용 전문가가 참여하여 교육과정 표준체계를 기반으로 다음과 같이 교육 자료 연계, 학습 데이터 연계, 성취기준 연계 등이 보장되도록 개발하였다.

- 교육 자료 연계: 발행사는 교육과정 표준체계의 식별 코드와 발행 사의 교육 자료를 연계하여 교육 자료를 내용 요소별로 체계적으로 관리한다.
- 학습 데이터 연계: 학생의 학습 결과 데이터를 수집할 때에는 학습 한 내용 요소에 해당하는 교육과정 표준체계의 코드를 덧붙여 학습 내용을 식별할 수 있다. 발행사가 공공데이터 허브에 학습 데이터 셋을 전송할 시, 내용 요소에 해당하는 교육과정 표준체계 코드를 담아 전송한다.
- 성취기준 연계: 교육과정 표준체계의 성취기준과 평가 기준을 발행 사 자체의 성취기준 및 평가 기준과 연계한다.

AI 디지털교과서를 실제 수업 상황에서 적용할 때에는 학습 흐름에 따라 그대로 활용하기보다는 교육 목표를 달성하는 데 가장 적합한 교수·학습 모델을 선택하거나 그것을 변형하여 AI 디지털교과서를 활용해야 한다. 천재교과서는 영어과 AI 디지털교과서 지도서에 정규 수업 모델로 일반 학습 모델, 거꾸로 학습 모델, 과제 수행 모델 등으로 구분하여 제시하고 있다(천재교과서, 2025).

첫째, 일반 학습 모델은 〈표 1〉과 같이 개별 학생에게 맞춤형 학습을 지원하기 위해 AI 디지털교과서의 핵심 기능을 활용하는 기본 모델로서 수업 전, 중, 후 단계별로 진단 및 분석, 수업 재구성, 교수·학습, 학업 성취도 확인, 수준별 과제 등의 활동이 이루어진다. 수업 전에는 학생이 진단 평가에 참여하여 AI의 분석 결과를 확인하고, 교사는 진단 결과를 확인한 후 수업 설계를 진행한다. AI 디지털교과서는 교사의 수업 설계를 위해 맞춤형 콘텐츠를 제공하거나 수업 재구성을 지원한다. 수업 중에는 학생이 개별 학습이나 모둠 학습에 참여하면 교사는 AI 보조교사를 활용하여 맞춤형 수업을 제공한다. 수업 마무리 단계에서 학생은 형성평가를 통해 평가 결과와 피드백을 받는다. 교사는 학습 정리를 하고, AI 디지털교과서에서 제공하는 평가 결과를 확인하고 적절한 피드백을 학생들에게 제공한다. 수업 후에는 학생별 수준에 따라 AI가 추천한 과제를 교사가 확인 및 수정하여 학생들에게 제공하면, 학생은 교사로부터 부여받은 수준별 과제를 해결한다.

〈표 1〉 AI 디지털교과서를 활용한 일반 학습 모델

단계	수업 전		수업 중		수업 후
	진단 및 분석	수업 재구성	교수학습	학업 성취도 확인	수준별 과제

학생	진단평가	AI 진단 분석		개별/모둠 학습	형성평가	평가 결과 피드백	수준별 과제 학습
		↓		↕	↑	↓	
교사		진단 결과 확인	수업 설계	맞춤형 수업	학습 정리	평가 결과 확인	수준별 과제 부여
		↕	↕	↕	↕	↕	↑
AIDT		학습 진단 및 리포트	맞춤형 콘텐츠 제공, 수업 재구성, 수업 설계 추천	협업 도구, AI 튜터, AI 보조교사, 학습 지원	학습 정리, 평가 지원, 오답노트	평가 및 피드백, 학습 결과 분석 제공	맞춤형 과제

출처 : 천재교과서(2025) 재구성

둘째, 거꾸로 학습 모델은 〈표 2〉와 같이 교사가 제시한 사전 학습을 통해 학생은 개별 학습을 진행하고, 교실 수업에서는 학생 중심 활동에 참여하여 학생 주도적 학습을 진행하는 모델로서, 사전 학습, 진단 및 분석, 수업 재구성, 교수 · 학습, 학업 성취도 확인, 수준별 과제로 구분된다. 수업 전에 교사가 사전 학습 자료를 학생에게 제공하면 학생은 학습을 진행한 후 진단평가에 참여한다. AI 디지털교과서는 학생들의 진단 결과를 교사와 학생에게 전달하고, 이후 활동은 일반 학습 모델과 동일하다.

〈표 2〉 AI 디지털교과서를 활용한 거꾸로 학습 모델

단계	수업 전			수업 중		수업 후
	사전학습	진단 및 분석	수업 재구성	교수학습	학업성취도 확인	수준별 과제
학생	수준별 개별 학습	진단 평가	AI 진단 분석	개별/모둠 학습	형성평가	평가 결과 피드백	수준별 과제 학습
	↑		↓	↑		↓	↑
교사	사전 학습 자료 제공		진단 결과 확인	수업 설계	맞춤형 수업	학습 정리	평가 결과 확인	수준별 과제 부여
		↑	↑	↑	↑	↑	↑	↑
AIDT			학습진단, 진단 리포트	맞춤형 콘텐츠 제공, 수업 재구성, 수업 설계 추천	협업 도구, AI 튜터, AI 보조 교사, 학습 지원	학습 정리, 평가 지원, 오답노트	평가 및 피드백, 학습 결과 분석 제공	맞춤형 과제

출처 : 천재교과서(2025) 재구성

셋째, 과제 수행 모델은 〈표 3〉과 같이 AI 디지털교과서를 활용하여 협업적인 과제 수행 중심의 모둠 활동 수업 모델로서 진단 및 분석, 모둠 구성 및 수업 재구성, 과제 수행, 발표 및 평가, 학습 성취도 확인 등의 활동이 이루어진다.

수업 전에는 학생이 진단 평가에 참여하여 AI의 분석 결과를 확인하고, 교사는 진단 결과를 확인한 후 모둠을 구성하고 수업을 설계한다. AI 디지털교과서는 학생의 진단 결과에 따라 모둠을 자동으로 구성하고, 모둠별로 맞춤형 콘텐츠를 추천한다. 수업 중에는 AI 디지털교과서에서 제공하는 다양한 지원도구를 활용하여 모둠별로 기본 개념과 원리 학습이 이루어지고, 역할 분배에 따라 과제를 이해하고 해결한다. 교사는 과제 해결에 대한 피드백을 모둠에 제공하고, 학생들은 수행한 과제 결과를 발표한다. 수업 후에서 학생들은 학습 이해 수준을 평가하고, 그에 따른 평가 피드백 정보를 교사로부터 제공받는다. 교사는 AI 디지털교과서 분석 결과와 피드백 정보를 활용하여 학생들을 평가하고 피드백을 제공한다.

〈표 3〉 AI 디지털교과서를 활용한 과제 수행 모델

단계	수업 전		수업 중		수업 후
	진단 및 분석	모둠 구성 및 수업 재구성	과제 수행	발표 및 평가	학습 성취도 확인

학생	진단 평가	AI 진단 분석		기본 개념 및 원리 학습	역할 분배, 과제 이해 및 해결	과제 수행 결과 발표	학습 이해 수준 평가	평가 결과 피드백
		↓			↑	↑	↑	↓
교사		진단 결과 확인	모둠 구성	모둠 수업 설계		과제 해결에 대한 피드백	과제 수행 평가		평가 결과 확인
		↕	↕	↕		↕			↕
AIDT		학습 진단, 진단 리포트	모둠 자동 구성	맞춤형 콘텐츠 제공, 수업 재구성, 수업 설계 추천	소통 및 협업도구, AI 튜터, AI 보조 교사, AI 교수학습지원도구, 학습정리 지원		소통 및 협업, 모둠 정보, 학습 참여도 정보 제공		평가 지원, 오답 노트, 평가 및 피드백, 학습 결과 분석

출처 : 천재교과서(2025) 재구성

참고문헌

계보경(2023). 500만 학생을 위한 500만 개의 교과서 ; AI 디지털교과서로 달라지는 10가지. 행복
　한 교육 9월호, 16-19.

교육과학기술부(2012). 2012년도 디지털교과서 개발 및 적용 추진계획(안).

교육부(2007). 디지털교과서 상용화 방안.

교육부(2024). 2025년, 교실에서 마주할 인공지능(AI) 디지털교과서, 모두를 위한 맞춤 교육을 실
　현. 2024. 11. 28. 보도자료.

교육부, 한국교육학술정보원(2023). AI 디지털교과서 개발 가이드라인 1.0. 한국교육학술정보원.

정영식, 조난심, 김영식(2008). 디지털교과서 표준화 방안 연구. 한국교육개발원.

천재교과서(2025). AI 디지털교과서 수학, 영어 웹 전시본. Retrieved 2025.2.13. from https://
　display.aitextbook.co.kr/web-kotry-agency/257.

강화, 확장, 중심화된 정보 교육

: 고교학점제와 새 교육과정을 중심으로

정웅열 (백신중학교 교사, 한국정보교사연합회 회장)

1. 강화된 정보 교육: 디지털 리터러시와 컴퓨팅 사고력

2. 확장된 정보 교육: 초중고 정보 교육과정의 연계성

3. 고교학점제를 위한 정보 교육: 고등학교 정보 교과목 체계와 고려사항

4. 중심화된 정보 교육: 깊이 있는 학습을 이끄는 핵심 교과

1. 강화된 정보 교육: 디지털 리터러시와 컴퓨팅 사고력

2025년은 2022 개정 교육과정이 중·고등학교 1학년에 처음으로 도입되는 원년이다. 지난 교육과정이 2015년에 개정되어 2018년부터 적용된 것이므로 햇수로는 7년 만에 새 교육과정이 도입되는 것이다. 이러한 교육과정의 변화는 공교육의 목표 및 내용, 방법의 변화를 담고 있기에 교사들에게 적지 않은 피로감을 주게 된다. 또한 고교 내신 성적 산출 방식이나 대학 입시 제도에도 영향을 주기 때문에 학부모와 학생들에게 혼란을 일으킬 수 있다.

그런데도 개정 교육과정이 나올 수밖에 없었던 까닭을 교사는 물론 학부모와 학생 대부분이 알고 있다. 기후 변화 및 저출생 위기, 감염병 확산과 디지털 전환 등으로 인한 사회 변화의 속도와 방향이 전례 없이 빠르고 종잡을 수 없기 때문이다. 실제 2022 개정 교육과정은 개정 배경에 미래 사회가 가진 불확실성으로 인해 교육의 혁신이 불가피하다는 점을 가장 중요하게 언급하고 있다.

불확실성의 시대를 살아갈 세대를 위한 미래교육이란 결국 학습자 스스로가 자신만의 인생 나침반을 설계해 나갈 수 있도록 자기주도성(self-agency)을 길러 주는 과정이어야 한다. 따라서 기초 소양 교육을 강조하는 한편 학습자의 과목 선택권을 확대하고, 그 선택에 대한 책임을 강화하고자 한 교육과정 개정 방향에 공감이 된다. 특히 기초 소양으로 언어 소양, 수리 소양에 '디지털 소양'을 포함한 것은 이번 교육과정이 우리 학생들의 미래에 맞춘 미래교육 설계의 중요성을 역설한 결과물이라 볼 수 있는 근거다. 2025년에 중학교 1학년인 학생이 대략 30살 즈음 직업을 얻어 사회에 나간다고 할 때 새 교육과정은 2040년대 직업을 가지기 시작하여 2100년 정도까지 삶을 살아갈 미래 세대를 위한 교육과정이다.

그간의 국가 교육과정에서는 '기초 소양'이라는 키워드를 제시한 적이 없었으나 전통적으로 3Rs로 불린 읽기(Read), 쓰기(wRite), 셈하기(aRithmetic)가 이에 대응하는 것이었다. 새 교육과정에서 디지털 소양을 기초 소양으로 설정한 것은 디지털 기반 3Rs의 중요성과 보편성을 강조한 것으로 볼 수 있다.

교육부의 〈2022 개정 교육과정 총론 주요사항〉에 따르면 디지털 기초 소양 함양을 위해 모든 교과 교육을 통한 '디지털 리터러시'와 정보 교과 교육을 통한 '컴퓨팅 사고력'을 중시하고 있다. 디지털 리터러시 교육은 모든 교과에서 디지털 기기와 다양한 앱을 이용한 디지털 기초 학습을 포함하고 디지털 융합 수업을 강조한다. 특히 디지털 융합 수업을 위해서는 정보 교과를 통해 컴퓨팅 사고력을 함양하는 과정이 선행되어야 하므로 교육과정 개정을 통해 정보 교과의 내용 및 시수를 확대하고 이를

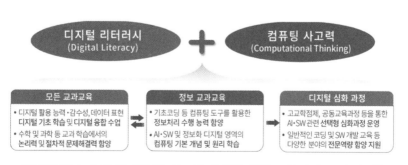

디지털 기초 소양 및 컴퓨팅 사고력 함양을 위한 교육과정 구성 방안[1]

통해 SW, AI, Data 교육을 더욱 강화한 것으로 볼 수 있다. 이것이 '디지털 기초 소양 체계'로 제시된 다이어그램에 담긴 본의라고 할 수 있다.

2. 확장된 정보 교육: 초중고 정보 교육과정의 연계성

모든 교과 교육을 통한 디지털 융합 수업이란 어떤 방식으로 이루어질까? 학교 현장에서의 교과 교육은 교과 교육과정을 근간으로 하고, 교과별 교과서를 이용하여 이루어진다. 실제 국어, 영어, 수학, 사회, 과학, 도덕(윤리) 등 다양한 교과에 대해 개정 교육과정은 디지털 융합 교육을 강조하고 있으며 이는 2024년 하반기에 선보인 새 교과서에도 구체적으로 반영되어 있다. 예를 들어 A 출판사의 새로운 수학 교과서에는 한국과학창의재단에서 개발한 알지오매스(AlgeoMath)라는 공학도구를 이용해 프로그래밍으로 정다각형을 생성하는 내용이 포함되어 있다. B 출판사의 과학 교과서에는 시뮬레이션 소프트웨어를 통해 입자 운동을 관찰하고 분석하는 내용이 포함되어 있으며, C 출판사의 도덕 교과서에는 국가 인공지능 윤리기준이 제시되어 인공지능 시대에 필요한 가치관과 태도를 함양하는 내용이 포함되어 있다. 아마도 많은 교사가 "이것을 어

---

1) 교육부(2021). 2022 개정 교육과정 총론 주요사항.

떻게 가르쳐야 하는가?"라는 고민에 빠져 있을 것이다.

앞서 제시한 '디지털 리터러시'와 '컴퓨팅 사고력' 함양 방안의 내용에 덧붙이자면, 다양한 교과에서의 디지털 융합 수업에 참여하기 위해 학생들에게 필요한 SW, AI, Data에 대한 소양과 이를 바탕으로 한 문제 해결력, 즉 '컴퓨팅 사고력'은 정보 교과를 통해 길러진다. 따라서 모든 교사는 정보 교과를 통해 길러진 학생들의 컴퓨팅 사고력을 바탕으로 각 교과의 교육과정 및 교과서 기반 디지털 융합 수업을 준비해야 한다. 한편 정보 교과에서는 모든 교과 교육에서의 디지털 융합 수업을 고려하여, 학교급별로 체계성과 연계성 있는 정보 교육을 실시해야 한다.

2022 개정 정보과 교육과정에서 고시한 정보 교과목을 살펴보면, 모든 학생은 초등학교 5~6학년 실과 내 정보 교육 내용을 통해 34시간 이상의 컴퓨팅 사고력을 기르고, 중학교에서는 정보 과목을 통해 68시간 이상의 교육을 받게 된다. 특히 지난 교육과정 대비 시수와 내용이 2배 이상 늘어났고, 중학교에서 다루던 내용 요소나 성취기준 중 많은 부분

		초등학교	중학교	고등학교
공통 교육과정		실과 '디지털 사회와 인공지능' 영역	정보	
선택 중심 교육과정	일반 선택			정보
	진로 선택			인공지능 기초 데이터 과학 정보과학
	융합 선택			소프트웨어와 생활
		34시간 이상	68시간 이상	과목별 64시간 기준
+		전 교과 내 디지털 리터러시 적용		

2022 개정 정보과 학교급별 교과목 구성[2]

이 초등학교로 내려간 점에 주목해야 한다. 이는 고등학교의 내용 요소가 중학교로 연쇄 이동하였음을 뜻하기도 한다. 예컨대 고등학교 프로그래밍 교육 내용 중 '리스트, 함수' 등이 중학교로 내려갔으며, 중학교 프로그래밍 교육 내용 중 '변수, 산술·비교 연산자, 제어구조' 등이 초등학교로 연쇄 이동하였다. 따라서 정보 교육을 담당하는 초등학교 교사 및 중·고등학교 정보 교사는 개정 정보과 교육과정의 학교급별 체계성과 연계성을 깊이 있게 이해하고 준비해야 한다. 자칫 이전 학교급에서 배운 것을 또 배우거나, 현재 학교급에서 배워야 하는 내용의 결손이 발생할 수도 있기 때문이다. 이러한 문제를 간과하면 정보 교육의 부실을 넘어, 모든 교과를 통한 디지털 융합 수업에도 영향을 주게 된다.

한편 개정 교육과정 도입 시기에 따라 불가피하게 학습 결손이 발생할 수 있다는 점도 주목해야 한다. 초등학교 실과 내 정보 교육은 5~6학년 과정이므로 2026년부터 학교 현장에 도입된다. 그런데 상당수의 중학교와 고등학교는 1학년 때 정보 교육을 실시하고 있으며, 이는 2025년부터 도입된다. 정상적이라면 새 교육과정으로 배운 초등학생이 중학교에 입학할 때부터 새 교육과정으로 학습해야 하는데 실제로 그렇지 못하다는 것이다. 이것은 비단 정보 교과만의 문제는 아니지만 다른 교과에 비해 시수와 내용, 과목의 변화가 큰 정보 교과에서는 문제가 크다.

---

2) 교육부(2024), 2022 개정 정보과 교육과정 교원연수자료.

▪ 2024학년도 부터 순차적 적용

연도	2024	2025	2026	2027
2022 개정 교육과정 적용 학년	초 1, 2 ──────────────────────────→			
		초 3,4, 중1, 고1 ──────────────→		
			초 5,6, 중2, 고2 ────────→	
				중3, 고3

2022 개정 교육과정 적용 시기[3]

　따라서 이전 학교급의 정보 교육 내용에 대한 학습 진단을 실시하고 이를 바탕으로 보충 학습을 필수적으로 진행해야 한다. 일부 학교에서는 이러한 문제를 해결하고 더욱 심도 있는 정보 교육을 실시하기 위해 학교장 선택으로 고시 외 과목을 개설하여 운영하고 있다. 국가 교육과정에 명시되지 않은 새로운 과목을 학교장 재량으로 신설하여 시도 교육감의 인정을 받아 운영하는 것이다. 창의적 체험활동 시수를 감하거나, 학교자율시간을 활용함으로써 수업 시수를 확보하는 것이 일반적이며, 이를 통해 초등학교에서는 34시간 이상, 중학교에서는 68시간 이상의 정보 교육을 실시할 수 있다.

3. 고교학점제를 위한 정보 교육
   : 고등학교 정보 교과목 체계와 고려사항

초, 중, 고등학교 중 변화가 가장 시급한 학교급은 어디일까? 다소 간의 이견이 있겠으나 대학 입시와 맞닿아 있다는 특성 때문에 고등학교의 변화가 가장 중요하다는 주장이 적지 않다. 〈초·중등교육법〉 밖에 있는 대학 교육을 논외로 할 때 고등학교의 변화 없이 중학교나 초등학교의 변화를 기대하기 어렵기 때문이다. 이번 개정 교육과정의 가장 중요한 키워드가 '고교학점제'인 이유가 여기에 있다. 새 교육과정은 고등학교 교육의 변화를 가장 크게 고려하고 있다는 뜻이다.

고교학점제가 한마디로 '학생 선택 중심의 교육과정'이라는 점에서 이것이 과연 새로운 것인가에 대한 의구심이 들 수 있다. 그러나 고교학점제를 위한 개정 교육과정의 세부 내용을 살펴보면 고등학교에서의 기초, 탐구, 생활·교양 등 교과 영역을 폐지하였고 필수 이수 시간을 감축하였음이 눈에 띈다. 또한 유연한 학사 운영을 위하여 1학점의 이수 시간을 16회(기존 17회)로 줄였고, 사회 변화를 반영하여 새로운 교과목을 신설하였다. 학생 흥미를 반영하고 진로 준비에 도움이 되는 융합선택 과목을 개설하고, 과학고 등 특목고 과목에서만 배우던 전문교과목을 진로

---

3) 한국과학창의재단(2023), 2022 개정 정보과 교육과정 운영 가이드.

선택 과목으로 전환한 점이 특별하다. 따라서 개정된 '학생 선택 중심 교육과정'은 2015 개정 교육과정에 비해 학생의 과목 선택권을 더욱 확대하는 한편, 운영상의 많은 어려움이 예상되는 학교 현장의 부담을 일부 줄이고자 한 것으로 볼 수 있다.

개정 교육과정에서 정보 교과는 인공지능, 빅데이터 등 다양한 신기술 분야 과목이 신설되었다. 기존의 일반선택 '정보'와 진로선택 '인공지능 기초' 과목은 유지하되, 과학고 전문교과 '정보과학' 과목을 진로선택으로 전환하였다. 또한 진로선택 '데이터 과학' 과목과 융합선택 '소프트웨어와 생활' 과목이 신설되었다. 비록 정보 교과 내 공통과목[4] 없이 선택과목으로만 구성된 점은 여전하지만 다양한 선택과목이 체계적으로 구성되었고, 고등학교에 '정보 교과'가 신설된 점이 특히 주목할 만하다[5].

일반선택 '정보' 과목의 경우, 중학교 '정보' 과목과 연계하여 '정보학(informatics)'의 기초를 다지는 선수 과목의 역할을 한다. 컴퓨팅 시스템의 구성과 동작 원리, 피지컬 컴퓨팅과 사물인터넷, 데이터 분석, 알고리즘과 프로그래밍, 인공지능, 디지털 윤리 전반에 걸친 디지털 문화 소양과 인공지능 소양을 바탕으로 컴퓨팅 사고력을 기르는 한편, 정보 교과 내 다양한 진로선택 및 융합선택 과목의 길잡이가 된다. 예컨대, '정보' 과목을 학습한 이후 '인공지능'을 더 배우고자 하는 학생은 '인공지능 기초' 과목을 선택하여 인공지능 개발자 또는 인공지능 융합 과학자 등의 꿈을 키울 수 있다. 또한, '정보' 과목을 학습한 이후 '빅데이터'에 관심이 생겼다면 '데이터 과학' 과목을 선택하여 데이터 과학자 또는 데이터 기반 창업가 등의 꿈을 키울 수 있다. 특히 최근 대학수학능력시험 또는 전국연합학력평가에 인공지능, 빅데이터 등에 관한 문제의 출제 비율이 높

진로 선택
교과별 심화학습 및 진로 관련 과목

융합 선택
교과 내·교과 간 주제 융합 과목, 실생활 체험 및 응용을 위한 과목

일반 선택
교과별 학문 영역 내의 주요 학습내용 이해 및 탐구를 위한 과목

공통
기초소양 및 기본학력 함양, 학문 기본 이해 내용 과목
(학생 수준에 따른 대체 이수과목 포함)

고교학점제 관련, 고등학교 공통 및 선택 과목의 종류 및 특성[6]

아진 점을 고려할 때 입시 준비에도 도움이 될 것이다.

한편, '정보' 과목을 학습한 이후 '알고리즘과 프로그래밍'을 더 깊게 배우고자 하는 학생은 과학고 진로선택 '정보과학' 과목을 선택할 수도 있다. 일반고에서도 선택의 폭이 넓어졌기 때문에 누구나 알고리즘 개발자나 프로그래머의 꿈을 키워갈 수 있다. 만약 정보 외 다른 분야의 진로를 꿈꾸는 학생이라면 융합선택 '소프트웨어와 생활' 과목을 통해 본인의 진로와 정보 분야의 융합적 문제해결력을 키울 수 있다. 실제 많은 학생이 본인의 진로 분야가 무엇이든 SW, AI, Data 등 정보 교과 내용과의 융합이 불가피함을 알고 있기에 '소프트웨어 생활' 과목의 선택률이 낮지 않으리라고 예상한다. 따라서 각 고등학교에서는 학생의 정보 교과목 선

---

4) 공통과목은 모든 학생이 필수적으로 이수하는 과목이다.
5) 그간 고등학교 정보 과목들은 기술·가정 교과(군)으로 편성되었으나 이번 정보 '교과'가 신설됨에 따라 독립 교과로서의 교육적 기반을 확보하고 중학교 정보 교과와 연계하여 더욱 체계적인 교육을 할 수 있게 되었다. 한편 중학교는 2015 개정 교육과정에서 정보 교과가 신설되었다.
6) 한국정보교사연합회(2023), 2023 KAIT 정보 교육 세미나 자료집.

구분	1학년		2학년		3학년	
	1학기	2학기	1학기	2학기	1학기	2학기
A학교	정보	소프트웨어와 생활	인공지능 기초	데이터 과학	정보과학	진로 연계 활동
B학교 -학생1[2]	정보		인공지능 기초		데이터 과학	
B학교 -학생2		정보		인공지능 기초		데이터 과학
C학교	정보	인공지능 기초 데이터 과학	소프트웨어와 생활			
D학교	정보 소프트웨어와 생활	인공지능 기초				
E학교	소프트웨어와 생활	정보	데이터 과학	인공지능 기초		

학교별 정보 교과 과목 편성안[7]

택의 폭을 제한하지 않도록 다양한 과목을 폭넓게 개설할 필요가 있다.

비록 정보 교육이 필수로 이루어지는 초등학교와 중학교에 비해 정보 교과의 과목이 선택적으로 편성된 고등학교이지만, 최근 정보 교사를 배치하고 정보 교과목을 개설하는 고등학교가 많아진 점은 고무적이다. 그러나 여전히 정보 교과나 정보 교사가 없는 고등학교가 존재하므로 현재 초등학생이나 중학생의 경우 고등학교 진학 시 이를 세심하게 살펴보아야 한다.

만약 정보 교과에 대한 흥미나 진로 선택이 고등학교 진학 이후에 생겼는데 불행히도 정보 교과나 정보 교사가 없는 고등학교에 다니는 학생이라면 '학교 간 공동 교육과정'을 적극적으로 활용하기를 권한다. 전국 17개 시도 교육청 모두 '다양하고 내실 있는 공동 교육과정'을 운영하고자 노력하고 있으며 다행히도 정보 교과 내 여러 과목이 개설되어 있다.

학교에 정보 교과목이 없더라도 공동 교육과정을 통해 접근성 높은 인근의 학교 또는 온라인 수업에 참여하여 정보 교과목을 이수하고, 학점도 획득할 수 있을 것이다.

개정 교육과정의 '학생 선택 중심 교육과정'이 특별한 또 하나의 이유는 학생의 선택에 대한 책임을 강조하고 있다는 점이다. 학생의 진로 선택과 준비를 지원하기 위해 학생 선택권을 확대하는 한편, 본인이 선택한 과목에 대해 책임 있는 학습을 요구하고 있다. 이를 '미이수 제도'라고 한다. 교육과정 개정에 따른 고교 내신은 상대평가(5등급)과 절대평가(5등급)를 병행하는 방식으로 최근 확정되었다. 기존의 9등급 상대평가를 5등급으로 변경하고 중학교에서 시행되던 절대평가를 도입한 것이다.

여기에서 주목할 점은 성취율이 40% 미만이면 미이수(I, incomplete) 처리된다는 점이다. 이것은 대학에서의 'F 학점'과 같은 것으로 만약 미이수(I 학점) 처리가 되어 해당 학점을 획득하지 못하게 되면 졸업 학점을 채우지 못하여 유급하는 사태가 발생할 수도 있으니, 과목 선택과 학습의 책임이 절대 가볍지만은 않다. 따라서 교사는 미이수 학생이 발생하지 않도록 최소 성취수준 및 미이수 예방 방안에 대한 고민이 필요하다. 교사로서는 미이수를 주는 것도, 주지 않는 것도 쉽지 않은 상황이 발생할 수 있으나 본질적으로 학생의 자율적인 과목 선택에 대한 책임의 강화라는 측면에서 사안 자체는 불가피하다 할 수 있다.

---

7) 한국과학창의재단(2023), 2022 개정 정보과 교육과정 운영 가이드.

4. 중심화된 정보 교육
: 깊이 있는 학습을 이끄는 핵심 교과

본인이 선택하고 책임지는 '고교학점제', 그리고 이와 같은 맥락에서 초등학교 6학년과 중학교 3학년의 각 2학기에 실시하는 '진로 연계 학기'는 2022 개정 교육과정의 핵심 키워드라고 볼 수 있다. 불확실한 미래 사회를 살아갈 우리 학생들인 만큼 교육적 중요성이 특히 높다. 그렇다면, 실제 교실 속에서는 어떤 수업이 이루어질까?

개정 교육과정에서는 '깊이 있는 학습'을 강조한다. 본인이 선택한 진로 또는 과목의 학습 내용을 자신의 것으로 만들고 그것을 새로운 상황에 적용, 확장, 실천할 수 있도록 소수의 핵심 내용을 깊이 있게 배우자는 것이다. 그간의 수업이 사실적 지식과 기능에 치중한 측면이 있는데 사실적 지식과 기능이 많아질수록 그 깊이가 얕아지는 아이러니를 묵인해 왔다. '깊이 있는 학습'은 사실적 지식과 기능으로 이루어진 다양한 개념 간 관계를 이해하고, 이러한 개념적 이해를 실제적 맥락과 연계하여 현 상황에의 적용이나 문제해결을 위한 응용으로 연결한다.

'깊이 있는 학습'을 위해서는 '삶과 연계한 학습'이 필요하다. 이는 학생의 삶과 연계한 실생활 맥락 속에서 학습 내용을 습득, 적용, 실천하는 것을 말한다. 또한 '교과 간 연계와 통합'이 중요하다. 여러 교과에서 배운 내용을 서로 연결하고 통합하여 창의적으로 문제를 해결할 때 개념적 이해와 실제적 적용이 이루어지기 때문이다. 마지막으로 '학습 과정에 대한 성찰'이 필요하다. 학생 스스로 자신의 학습 과정이 단순한 사실적

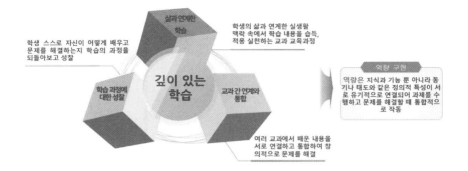

깊이 있는 학습 개념도[8]

이해에 머물지 않고 개념적 이해와 실제적 적용으로 나아가고 있는지 지속적인 성찰[9]이 필요하기 때문이다.

'삶과 연계한 학습'에서의 '삶'은 누구의, 언제의 삶을 말하는 것일까? 학생의 현재와 미래의 삶을 뜻하는 것이다. 개정 교육과정에서는 이 삶에서 가장 중요한 기초 소양 가운데 하나로 디지털 소양을 제시하였다. 학생의 삶에서 SW, AI, Data 등은 읽고, 쓰고, 셈하는 것만큼 기초적 (fundamental)이고, 필수적(essential)인 것으로 자리 잡았기 때문이다.

교과 간 연계와 통합 역시 마찬가지이다. 현재와 미래 사회의 다양한 분야를 연계하고 통합하는 것을 넘어, 교과나 학문의 영역을 붕괴시키고 새로운 가치를 창출하는 핵심이 SW, AI, Data이다. 2024년 노벨 물

---

8) 교육부(2021). 2022 개정 교육과정 총론 주요사항.

9) 학습 과정에 대한 성찰은 기록과 분석, 그리고 상호작용이 핵심이다. AI 디지털교과서는 이 과정을 자동화, 지능화하고자 했다.

리학상, 노벨 화학상의 수상자를 보면, 2013년 노벨 화학상의 놀라움을 넘어 경외감마저 든다[10]. 해마다 쏟아지는 과학고, 영재학교, 국제고 학생들의 연구활동 산출물을 보면 정보 교과 없는 융합이 불가능함을 쉽게 알 수 있다.

이것이 개정 교육과정에서 디지털 소양이 기초 소양인 이유이고, 컴퓨팅 사고력을 기르는 정보 교육의 내용과 시수가 확대된 근원이다. 그런데도 때때로 받는 질문이 있다. "모든 학생을 프로그래머나 인공지능 개발자로 기를 것인가?" 이 질문에 단국대 나연묵 교수님은 이렇게 답한다. "초, 중, 고등학교에서 소양 수준으로 SW, AI, Data를 배우는 것을 바둑으로 말하자면, 29~30급에 해당한다."[11] 29~30급은 바둑판에 여러 개의 가로줄과 세로줄로 그어져 있고, 흰돌과 검은돌의 먹고 먹히는 싸움이라는 것을 이제 조금 이해하기 시작하는 수준이라고 한다.

이런 점에서 초등학교와 중학교에서는 각각 34시간, 68시간을 넘어서는 충분한 정보 교육 시간을 편성해야 하고, 고등학교 1학년은 '정보' 과목을 이수할 수 있도록 학교 지정이 사실상 필수적임을 강조하고 싶다. 학생들에게 바둑판(디지털 세상)과 바둑의 원리(SW, AI, DATA 등)에 대해 기본적인 이해를 제공해야 하며, 이를 바탕으로 인공지능, 빅데이터 등에 관한 정보 교과의 '진로선택', '융합선택' 과목을 선택함으로써 본인의 진로를 준비해 갈 수 있도록 도와야 한다. 대학과 취업만을 이야기 하는 것이 아니다. '정보'를 제대로 공부하지 않으면 당장 코딩으로 도형을 그리는 수학 공부에 어려움이 생기고 시뮬레이션을 통해 실험하는 과학 공부를 제대로 할 수 없다. 또한, 2025학년도 대수능 국어 10번 문제를 맞히기 어렵기 때문이다.

정보 교육은 디지털 기초 소양을 기르기 위해 필수적이고, 깊이 있는 학습을 위한 핵심 도구이다. 앞으로 모든 정보 교사가 개정 교육과정에서의 정보 교과의 위상을 이해하고, '융합'의 중심 교과로서 기능하도록 더욱 애써야 할 것이다. 다른 교과 교과서, 학력평가와 수능 문제도 살펴보고, 타 교과 교사들과 소통하며 다양한 융합 사례를 연구하고 개발하는 '깊이 있는 수업 커뮤니티의 중심'이 될 수 있도록 노력해야 한다. AI · 정보교육 중심학교 등 목적사업 운영과 정보 교사를 대상으로 한 교내외 현직 연수에 적극적으로 참여할 것을 권한다.

한편 정보 교사가 학교 내 1명뿐인 경우가 많으므로 지역 내 정보 교사 간 네트워킹 및 교과연구회 등이 큰 도움이 될 수 있다. 온라인 기반의 정보과 교수 · 학습 커뮤니티 등을 가까이한다면 수업의 질이 더욱 높아질 것이다. 카이스트 이광형 총장님의 이야기처럼 2040 시대의 주인공이 될 학생들에게 우리 교육이 줄 수 있는 소중한 선물 상자의 핵심 열쇠가 정보 교사에게 있다[12]고 확신한다. 정보 교사의 노력과 함께 정보 교육을 바라보는 모든 이의 이해와 협력이 함께 하기를 바란다. 다른 무엇도 아닌, 우리 학생의 미래를 위한 일이고 대한민국의 미래를 위한 일이기 때문이다.

---

10) 2013년 노벨 화학상은 분자 간의 화학반응을 시뮬레이션한 화학자 3명이 공동수상했는데 당시 시뮬레이션 소프트웨어 개발 업적으로 노벨상을 수상했다는 점에서 큰 화제가 되었다. 2024년 노벨 물리학상은 인공신경망 모델을 제안한 인공지능의 아버지, 제프리 힌튼(Geoffrey Hinton) 교수가 수상했고, 화학상은 구글 딥마인드의 알파폴드를 이용하여 단백질 구조 시뮬레이션에 성공한 데미스 하사비스(Demis Hassabis)가 수상했다. 알파고가 알파폴드의 시초라고 볼 수 있다.
11) 나연묵(2022). 디지털 인재 100만 양성, 어떻게 실행할 것인가. 한국공학한림원 포럼.
12) 이광형(2021). 2022 교육과정 개편, 한국의 미래 좌우한다. 한국공학한림원 포럼.

〔주제 3〕 어떤 학교에서 가르칠 것인가: 에듀테크 기반 교육환경
#생성형 인공지능 #학교 환경 구축 #새로운 교사상 학교상

생성형 AI, 교육 현장 동향과 2025 전망

: LLM부터 AI 에이전트까지

김용성 (충남대학교 기술교육과 교수)

1. 2025년 AI 기술 주요 전망: 가트너 10대 기술 트렌드

2. AI의 교육 분야 적용에 있어 2024년의 의미

3. 2025년 교육 분야 AI 적용, 5대 전망

4. 학교 현장의 우려 다섯 가지와 대응 과제

1. 2025년 AI 기술 주요 전망: 가트너 10대 기술 트렌드

2025년 1월에 열린 세계 최대 가전 · IT 전시회 CES(Consumer Electronics Show) 2025에서 AI 트렌드는 이전과는 확연히 다른 흐름을 보여 주었다. 엔비디아(NVIDIA)의 설립자이자 CEO인 젠슨 황(Jensen Huang)은 CES 2025 행사의 기조 연설에서 AI 발전의 새로운 국면을 제시했다[1]. 그는 AI의 진화 과정을 세 단계로 설명했다. 첫 단계는 이미지, 텍스트, 소리를 이해하는 '인식 AI(Perception AI)'였고, 두 번째 단계는 텍스트, 이미지, 소리를 생성하는 '생성 AI(Generative AI)'였다. 그리고 이제 우리는 추론하고, 계획하고, 행동할 수 있는 '물리적 AI(Physical AI)'의 시대로 진입하고 있다고 강조했다. 2024년까지는 챗GPT로 대표되는 생성형 AI가 가상의 디지털 공간에서 주로 활용되었다면, 2025년에는 AI가 물리적 현실 세계로 나와 인간의 일상생활에 직접적으로 녹아들 것이라는 이야기다.

이와 같은 발전은 교육 분야에서도 뚜렷하게 나타나고 있다. CES 2025에서 웅진씽크빅이 선보인 AI 기반 독서 플랫폼 '북스토리'는 이러한 변화를 단적으로 보여 주는 사례다. 북스토리는 생성형 AI 기술을 활용하여 더 나은 독서 경험을 할 수 있게 도움을 주는데 사용자가 영어책

---

1) Brian Caulfield(2025.1.6.), CES 2025: AI Advancing at 'Incredible Pace,' NVIDIA CEO Says. NVIDIA. https://blogs.nvidia.com/blog/ces-2025-jensen-huang/

을 스캔하면 AI가 다양한 목소리와 언어로 책을 읽어 주는 기능뿐만 아니라, 증강현실(AR) 기술로 시각적 효과와 음성 효과를 제공하여 독서의 몰입감을 높이고 있다. 특히 유아동, 장애인, 다문화 가정, 노인 등 독서 취약계층을 위한 맞춤형 기능을 제공함으로써 AI 기술이 교육의 접근성을 높이는 데 기여할 수 있음을 보여 주었다. 이러한 혁신성을 인정받아 북스토리는 CES 2025 최고 혁신상을 수상하기도 했다. 이는 AI 기술이 더 이상 디지털 영역에만 국한되지 않고, 실제 교육 현장에서 구체적인 변화를 이끌어 낼 것임을 예고하는 중요한 사례라 할 수 있다.

이러한 기술 혁신의 방향성은 가트너(Gartner)가 발표한 2025년 10대 기술 트렌드 전망에서도 뚜렷하게 나타난다. 주목할 만한 점은 10대 기술 트렌드 중 9개가 AI 관련 기술이라는 것이다. 이는 AI가 더 이상 독립적인 기술 영역이 아닌, 거의 모든 기술 혁신의 근간이 되고 있음을 시사한다.

가트너가 선정한 대표적인 기술 중 하나를 꼽자면 바로 '에이전틱 AI(Agentic AI)'다. 가트너는 2025년 최고 기술 트렌드로 에이전틱 AI를 꼽았는데 이 기술은 사용자의 목표를 자율적으로 계획하고 실행하는 AI를 의미한다. 일명 'AI 에이전트'라고 불리는 이 기술은 쉽게 말해 나를 대신해서 일하는 디지털 비서라고 할 수 있다. 단순히 정보만을 제공하는 것을 넘어, 실제로 나 대신 의사결정을 내리고 행동까지 수행하는 AI를 말한다.

인공지능 분야 석학으로 꼽히는 스탠퍼드 대학교의 앤드루 응(Andrew NG) 교수가 제시한 '에이전틱 워크플로우(Agentic Workflow)' 개념이 이 기술의 핵심을 잘 보여 준다. 응 교수의 연구에 따르면, 여러 AI 에이전

주제 1	AI의 필수 과제와 리스크	에이전틱 AI(Agentic AI)
		AI 거버넌스 플랫폼(Governance Platforms)
		허위정보 보안(Disinformation Security)
주제 2	컴퓨팅의 새로운 개척	양자내성암호(PQC · Post-Quantum Cryptography)
		보이지 않는 환경 지능(Ambient Invisible Intelligence)
		에너지 효율적 컴퓨팅(Energy-Efficient Computing)
		하이브리드 컴퓨팅(Hybrid Computing)
주제 3	인간과 기계의 시너지	공간 컴퓨팅(Spatial Computing)
		다기능 로봇(Polyfunctional Robots)
		신경학적 향상(Neurological Enhancement)

가트너 선정 2025 10대 기술 트렌드[2]

트가 협업할 때 단일 고성능 AI보다 더 효과적인 결과를 도출할 수 있다는 것이다. 예를 들어 GPT-3.5 모델 여러 개가 협업할 때 더 최신 모델인 GPT-4보다 훨씬 나은 코딩 성능을 보여 주었다는 것이다. 이는 다수의 에이전트들이 협력할 때 단일 고성능 모델보다 더 우수한 성과를 낼 수 있음을 시사한다.

2) 번역참고: https://www.it-b.co.kr/news/articleView.html?idxno=71102
원문: Gene Alvarez(2024.01.21.) Gartner Top 10 Strategic Technology Trends for 2025. Gartner.
https://www.gartner.com/en/articles/top-technology-trends-2025

이러한 에이전틱 AI를 실생활에 적용한 사례는 여행 계획을 짤 때를 생각해 볼 수 있다. 우리는 여행을 가기 위해 여행지 선정, 숙소 검색 및 예약, 항공권 검색 및 예약, 여행 일정 짜기, 레스토랑 예약 등 해야 할 것들이 많다. AI 에이전트는 여행자의 간단한 선호도 입력만으로도 이 모든 과정을 통합적으로 처리할 수 있다. 예를 들어 여행 도우미 AI 에이전트는 "다음 달에 3박 4일로 따뜻한 동남아 여행을 가고 싶어. 예산은 150만 원이야."라는 간단한 요청만으로도 작동이 가능하다. 에이전트는 날씨 데이터를 분석하여 해당 시기에 적합한 동남아 국가들을 선별하고 실시간 항공권과 호텔 가격을 확인하여 예산 내에서 최적의 여행지 조합을 제안한다. 더 나아가 선택된 여행지의 현지 관광 정보와 맛집 데이터를 분석하여 개인화된 일정표를 작성하고, 필요한 경우 현지 교통편과 레스토랑 예약까지 자동으로 진행하게 된다.

이러한 에이전트들은 제조, 고객 서비스, 물류, 의료를 포함한 여러 산업 전반에 적용이 가능하며, 금융 부문에서는 시장 동향 분석, 투자 가능성 평가 등에 다양하게 활용될 것으로 전망된다. 이는 우리가 활용하기 시작한 AI가 기존의 단순 질의—응답 시스템에서 벗어나, 우리가 지시 없이도 여러 작업을 수행하는 자율적 에이전트로의 진화할 것임을 의미한다. 가트너는 2024년까지는 일상 업무에서 AI 에이전트의 활용이 미미했지만, 2028년까지는 전체 업무의 최소 15%를 AI 에이전트가 자율적으로 처리할 것으로 전망했다.

이러한 기술의 진화는 젠슨 황이 언급한 '물리적 AI' 시대의 도래와 맥을 같이 한다. AI는 이제 단순한 보조 도구에서 벗어나 자율적이고 지능적인 시스템으로 발전하고 있고, 우리의 일상생활과 업무 방식이 근본적으로 변화될 것이라는 점을 예상할 수 있다.

2. AI의 교육 분야 적용에 있어 2024년의 의미

영국 교육부에서 발간한 보고서에 따르면 교육 분야는 금융 분야(은행 등)
와 함께 생성형 AI의 영향을 가장 크게 받을 것으로 예상되는 분야다[3].
실제로 2024년은 이러한 변화를 체감한 해였다. 챗GPT 등장 초기에는
과제물 등을 AI로 해결하는 학생들이 늘어나면서 교육 현장에서는 이를
제한하는 데 바빴으나 2024년에 들어서며 이러한 변화를 서서히 받아
들이기 시작했다. 대학 현장에서는 이미 학생들의 챗GPT 등 대화형 AI
활용이 일상이 되었고, 중고등학생들 역시 이러한 도구들을 자연스럽게
활용하는 시대가 되었다. 특히 주목할 만한 점은 AI가 단순한 과제 해결
도구를 넘어 학습 보조 도구, 지식 탐구 도구로서의 역할로 진화하고 있
다는 점이다.

이러한 변화는 교육 현장의 실제 데이터를 통해서도 확인할 수 있다.

---

3) Department for Education. (2024, January 24). Generative AI in education: Educator and expert
views.
Retrieved from https://assets.publishing.service.gov.uk/media/65b8cd41b5cb6e000d8bb74e/
DfE_GenAI_in_education_-_Educator_and_expert_views_report.pdf

영국 국립문해력신탁(National Literacy Trust)이 1,508명의 교사를 대상으로 실시한 최근 조사[4]에 따르면, 교사들의 생성형 AI 인지도는 2023년 34.2%에서 2024년 87.5%로 큰 폭으로 상승했으며, 실제 교육 현장에서의 활용률 역시 31%에서 47.7%로 증가했다. 특히 주목할 만한 점은 AI 활용 영역의 다양화와 깊이의 변화다. 2023년 초기에는 교사들이 주로 수업 계획, 질문 제작, 글쓰기 자료 생성, 퀴즈 제작 등 기본적인 교육 자료 제작에 AI를 활용했으나, 2024년에는 실험(76.7%), 아이디어 구상(53.6%), 질문 설계(50.0%) 등 창의적이고 탐구적인 영역으로 활용 범위가 확장되었다.

국내 교육 현장의 변화도 주목할 만하다. 초중등 교육 현장에서는 학생 생활기록부나 가정통신문 작성에 챗GPT 등 대화형 AI를 활용하는 교사들이 늘고 있으며, 다양한 행정 업무에도 AI를 적극적으로 도입하고 있다. 일례로 챗GPT의 맞춤형 GPT에서 키워드 기반 검색을 해 보면 '생활기록부 작성 보조', '생기부 컨설팅 챗봇' 등 학교생활기록부 작성 등 실제 학교 업무에 도움을 주는 도구들이 개발되어 활용되고 있다. 이미지 생성형 AI, 동영상 생성형 AI 등 다양한 AI 도구들을 활용한 수업 혁신도 이루어지고 있으며, 관련 연구회와 연구 대회 등도 활발히 진행되고 있다. 특히 교육부와 시도 교육청 차원에서도 AI 활용 교육에 대한 지원을 확대하고 있으며, AI 교육 선도학교 운영, AI 활용 교수 · 학습 자료 개발 등 다양한 정책적 시도가 이루어지고 있다.

학생들의 AI 활용 양상도 주목할 만하다. 미국의 비영리 조사기관 커먼 센스 미디어(Common Sense Media)가 13~18세 청소년과 학부모 1,045명을 대상으로 실시한 조사[5]에서, 청소년의 70%가 이미 하나 이상의 생성형 AI 도구를 사용한 경험이 있는 것으로 나타났다. 더욱 주목할 만한 점은 청소년의 76%가 미래 직업을 위해 AI 관련 기술 학습이 필요하다고 인식하고 있다는 것이다. 실제 활용 패턴을 보면, 청소년들은 주로 검색 엔진과 챗봇 형태의 AI를 선호하며, 구체적으로는 과제 지원(53%), 지루함 해소(42%), 언어 번역(41%), 브레인스토밍(38%) 등에 AI를 활용하고 있다. 이는 AI가 단순한 과제 해결 도구를 넘어 학습 동기 부여와 창의적 사고를 지원하는 도구로 진화하고 있음을 시사한다.

대학 교육 현장에서의 변화[6]는 더욱 급진적이다. 학생들의 AI 활용이 일상화되면서 많은 대학들이 AI 활용 가이드라인을 제정하거나 AI 리터러시 교육을 강화하는 등 적극적인 대응에 나서고 있다. 특히 연구자들의 연구 방법론 변화가 두드러지는데 데이터 분석, 문헌 검토, 연구 설계 등 다양한 연구 단계에서 AI가 활용되면서 학술 연구의 접근 방식 자체가 서서히 변화하고 있다. 또한 여러 대학에서 생성형 AI 활용 수업 설계에 대해 고민하고 이를 활용하여 새로운 수업 방법 도입에도 적극적인 모습을 보이고 있는데, 이는 고등교육의 새로운 패러다임을 짐작할 수 있는 대목이다.

4) Picton, I. & Clark, C.(2024). Teachers' use of generative AI to support literacy in 2024. London: National Literacy Trust.

5) Madden, M., Calvin, A., Hasse, A., & Lenhart, A. (2024). The dawn of the AI era: Teens, parents, and the adoption of generative AI at home and school.
San Francisco, CA: Common Sense. https://www.commonsensemedia.org/sites/default/files/research/report/2024-the-dawn-of-the-ai-era_final-release-for-web.pdf

6) (2024.10.). AI in Higher Education: 2024 Insights. Ellucian. https://lp.ellucian.com/ai-innovation-survey.html

3. 2025년 교육 분야 AI 적용, 5대 전망

그렇다면 2025년 교육 현장에 AI를 활용한 변화는 어떤 것들이 일어날 수 있을까? 앞서 소개한 여러 사례를 기반으로 몇 가지 변화를 이야기해 보려 한다.

첫째, 교육 현장에서 AI 기술의 보편화가 본격화될 것이다. 2025년은 AI가 더 이상 선택이 아닌 필수적 교육 도구로 자리 잡는 전환점이 될 것으로 전망된다. 지금까지 교육 현장에서는 AI 기술을 적극적으로 활용하는 교육자와 그렇지 않은 교육자 사이의 뚜렷한 양극화 현상이 존재했다. 이러한 차이는 수업 설계, 학생 평가, 행정 업무 처리 등 교육 활동 전반에서 효율성과 효과성의 격차로 이어졌다. 특히 이러한 현상은 초중등 교육뿐만 아니라 대학 교육 현장에서도 뚜렷하게 나타났다.

이러한 변화의 시작은 2024년부터 본격화되었다. 2024년은 교육 현장에서 AI에 대한 인식이 크게 전환된 해다. 특히 AIDT(AI 디지털교과서)의 본격적인 도입과 함께, 전국적으로 대규모 교원 연수가 시행되었다. 교육청은 대규모 예산을 투입하여 관리자 연수부터 선도교원 연수까지 다양한 계층의 교원들을 대상으로 AI 코스웨어 활용법, AIDT 활용법 등의 연수를 실시했다. 특히 주목할 만한 점은 이러한 연수 과정이 필수 이수 과정이 되면서, AI에 관심이 없었던 교육자들도 자연스럽게 AI를 접하고 이해할 수 있는 기회를 가졌다는 것이다. 이 연수들은 단순한 AI 코스웨어 활용법을 넘어 AI 윤리교육, 교과별 AI 활용 방안 등 포괄적인 내용을 다루며 교육자들이 가지고 있던 AI에 대한 인식을 개선하는 계기로 작용했다[7].

2025년에 들어서며 이러한 격차가 점차 해소되는 긍정적인 변화가 감지되고 있다. 이는 두 가지 주요한 변화에 기인한다. 우선 AI 기술 자체가 더욱 직관적이고 사용자 친화적으로 발전하면서 기술적 진입 장벽이 크게 낮아졌다. 다음으로는 교육 현장에서 AI 기술을 이제는 낯설지 않은 기술로 여기게 되었다. 대부분의 선생님들이 생성형 AI를 업무에 활용하고 있으며, 숙련도도 점점 높아지고 있다.

더욱 주목할 만한 점은 AI 활용의 질적 변화 양상이다. 초기에는 챗GPT를 활용해 비교적 단순한 업무를 수행했다면, 이제는 여러 AI 도구들을 활용하여 맞춤형 학습 자료 개발, 학생 맞춤형 평가 및 피드백 등한층 고차원적인 목적으로 AI를 활용하는 사례가 늘어나고 있다. 이는 AI가 단순한 업무 보조 도구를 넘어 교육의 질적 향상을 위한 핵심 도구로 진화하고 있음을 알 수 있는 대목이다.

둘째, 2025년에는 교육 분야에서 AI 에이전트 서비스가 본격적으로 확산될 것으로 예상된다. AI 에이전트는 앞서 소개한 것과 같이 교육 환경에서 자율적으로 여러 상황을 파악하고 판단하여 능동적으로 교육 활동을 지원할 수 있는 기술이다. 특히 2025년에는 여러 AI 서비스들과 함

---

7) 홍선주 외(2024), AI 디지털교과서 도입의 기대와 우려: AI 및 디지털 도구 활용 실태조사를 기반으로, 언어연구, 40(1), pp.7-20.

께 다양한 교육용 AI 에이전트 서비스들이 교육 현장에 등장할 것으로 전망된다.

　교육용 AI 에이전트의 가장 큰 특징은 개별 학습자에 대한 통합적 지원이 가능하다는 것이다. 기존의 교육용 AI가 단순히 문제 풀이나 답안 확인 등 단편적인 기능을 제공했다면, AI 에이전트는 학생의 전체 학습 과정을 종합적으로 관리하고 지원할 수 있다. 예를 들어, 학생의 학습 데이터를 실시간으로 수집하고 분석하여 개인별 최적의 학습 경로를 설계하고, 적절한 난이도의 문제를 자동으로 생성하며, 학습 과정에서 발생하는 어려움을 즉각적으로 파악하여 맞춤형 피드백을 제공할 수 있다.

　이러한 AI 에이전트는 수업의 전 과정에서 교사와 학생을 지원하는 도구로 자리 잡을 수도 있다. 수업 전에는 학생들의 선수학습 수준을 분석하여 수업 설계를 돕고, 수업 중에는 실시간으로 학생들의 이해도를 모니터링하여 모르는 부분에 대한 설명이나 심화 학습 기회를 제공한다. 수업 후에는 각 학생의 학습 패턴과 성취도를 종합적으로 분석하여 최적화된 복습 계획을 수립해 주는 것이다.

　이러한 교육용 AI 에이전트의 등장은 단순한 기술 혁신을 넘어 교육의 패러다임 전환을 가져올 것으로 예상된다. 기존의 평균적인 학습에서 벗어나 진정한 의미의 개인화 학습이 가능해질 것이며, 교사들은 단순 반복적인 업무에서 벗어나 더 가치 있는 교육 활동에 집중할 수 있는 업무 환경으로의 전환을 실제로 체감하기 시작할 것이다. 또한 학습 과정 전체가 데이터화되고 분석됨으로써 학생, 교사, 학부모 모두가 학습 상황을 더 정확하게 이해하고 효과적으로 지원할 수 있게 될 것이다.

셋째, 2025년은 교육용 로봇이 본격적으로 교육 현장에 확산되기 시작하는 원년이 될 것으로 예상된다. 앞서 CES 2025에서 소개된 웅진씽크빅의 AI 기반 독서 플랫폼 '북스토리' 사례에서 볼 수 있듯이 AI 기술은 이제 물리적 형태를 갖추고 학습자와 직접 상호작용하는 단계로 진화하고 있다. 물론 모든 교육 현장에 로봇이 보급되지는 않겠지만 일부 교육 현장에 서서히 도입이 될 것으로 생각된다.

지금까지 교육 현장에서 사용되는 로봇이라고 하면 레고의 마인드스톰(Lego Mindstorms)이나 오조봇(ozobot) 등 간단한 프로그래밍 기반으로 작동하는 '학습 도구형 로봇' 형태가 대다수였다. 이러한 로봇은 코딩 교육에서 학생들이 직접 프로그래밍하고 제어할 수 있는 교구로서의 역할을 하며, 학생들은 이를 통해 추상적인 개념을 실제로 구현해 보고, 문제 해결 과정을 직접 체험할 수 있다. 하지만 이러한 교육용 로봇에는 AI 기술이 접목되지 않았고, 학교 현장에서 간단한 교과 보조 실습용으로 몇 번 활용하는 것 이상으로 활용되기는 쉽지 않았다.

하지만 이제는 교육 현장에도 AI 기반의 교육용 로봇이 적용될 수 있을 것으로 보인다. 이미 공항이나 병원 등에서 내부 길 안내를 도와주는 로봇을 심심치 않게 만날 수 있듯이, 교실 내에서도 교육자를 보조하며 학생들의 개별 학습을 지원하는 로봇이 활용될 수 있을 것이다. 예를 들어, 수업 중 학생의 학습을 보조해 주는 역할을 하거나 실험 · 실습 과정에서 안전 관리와 개별 지도에 도움을 줄 수 있을 것이다.

가정용 교육용 로봇 시장도 크게 확대될 것으로 전망된다. 앞서 언급한 북스토리와 같은 독서 지원 로봇이 대표적인 사례가 될 것이다. 이러한 로봇은 단순히 책을 읽어 주는 것을 넘어, 내용에 대한 질의 응답, 독서 토론 진행, 독후 활동 지원 등 종합적인 독서 교육을 제공할 수 있다. 다문화 가정이나 저연령 학습자들에게는 특히 효과적인 학습 도구가 될 것으로 기대된다.

넷째, 2025년은 AI를 활용한 교과 교육이 본격화되는 해가 될 것으로 예상된다. 2024년까지 AI 활용 교육이 주로 새로운 기술에 관심이 많은 일부 교육자들을 중심으로 이루어졌다면, 2025년에는 그 범위가 대폭 확대될 전망이다. 이미 2024년에도 AI를 활용한 다양한 수업 사례가 공유되었고, 관련 교육 서적들이 높은 판매량을 기록하는 등 교육계의 관심이 뜨거웠다.

특히 주목할 만한 변화는 AI 활용 수업의 질적 향상이다. 과거에는 AI로 동화책 만들기나 뉴스 제작하기처럼 단편적인 활동 위주였다면, 이제는 교과의 핵심 학습 목표와 긴밀히 연계된 보다 깊이 있는 수업이 늘어날 것으로 보인다. 이러한 변화는 교육자들이 AI 기술을 더 깊이 이해하고, 그 교육적 활용에 대한 노하우를 축적했기 때문에 가능한 일이다.

이러한 흐름은 초중등 교육뿐만 아니라 대학 교육에서도 뚜렷하게 나타날 것으로 예상된다. 대학에서는 전공별 특성을 고려한 AI 활용 수업이 확대될 것이며, 이는 학생들의 실무 역량 강화에도 도움이 될 것이다. 예를 들어 공학 계열에서는 AI를 활용한 설계와 시뮬레이션 등에, 인문사회 계열에서는 AI를 활용한 자료 분석과 관련 콘텐츠 제작 등에 활용될 수 있을 것이다.

결과적으로 2025년은 AI가 교육의 보조 도구가 아닌 필수적 교육 도구로 자리 잡는 전환점이 될 것으로 예상된다. 이는 단순히 AI 활용 빈도의 증가를 의미하는 것이 아니라, 더 효과적이고 의미 있는 교육을 위해 AI를 전략적으로 활용하는 시기로의 전환이 일어날 것임을 의미한다.

다섯째, 2025년은 AI 기술이 특수 교육 분야에서 큰 변화를 가져올 것으로 예상된다. 특히 주목할 만한 것은 각 장애 유형별로 특화된 AI 지원 도구들이 속속 개발되고 본격적으로 활용되고 있다는 것이다. 물론 아직 교육 현장에서 직접 활용하는 사례는 많지 않지만 특수 교육을 담당하는 교육자들이 이러한 사례를 기반으로 본격적 활용을 시작할 수 있을 것이다.

시각장애 학생들의 경우, 챗GPT의 비전 기능이나 마이크로소프트의 'Seeing AI'와 같은 서비스를 통해 실시간으로 주변 환경과 교육 자료를 인식하고 이해할 수 있다. 이러한 기술은 교과서 내용 파악, 수업 자료 이해, 실험/실습 도움 등 다양한 학습 활동에서 시각장애 학생들의 참여도를 높일 수 있다.

청각장애 학생들을 위한 서비스들도 속속 등장하고 있다. '소보로(소리를 보는 통로)' 같은 AI 기반 실시간 음성 자막 서비스의 등장은 청각장애 학생들의 수업 참여를 획기적으로 개선시키고 있다. 이 기술을 통해 교사의 설명이나 동료 학생들의 발표 내용을 실시간으로 텍스트로 확인할 수 있어, 보다 능동적인 수업 참여가 가능해진다. 더욱이 이러한 서비스들이 모바일 기기에서도 사용 가능해지면서 언제 어디서나 학습 지원을 받을 수 있게 되었다. 이렇게 발전한 AI 기술이 특수 교육에 본격적으로 활용되며 대상 학생들의 학습 환경을 크게 개선할 것으로 기대된다.

4. 학교 현장의 우려 다섯 가지와 대응 과제

AI가 분명 교육 현장을 계속해서 바꿔 나갈 것이라는 점은 누구나 부정할 수 없는 사실이다. 변화의 속도는 더욱 높아지고 있다. 한편 이러한 기술 변화와 적용에 대해 아직은 학교 현장의 우려[8]가 높은 것 또한 사실이다.

첫째, AI 활용이 가져올 수 있는 학생들의 기초 문해력과 창의성 저하에 대한 선제적 대응이 필요하다. 영국 국립문해력 연구 결과[9]를 살펴보면 2024년 조사에서 교사들의 48.9%는 학생들의 글쓰기 능력에 부정적 영향을 미칠 것을 우려했으며, 56.6%의 교사들은 AI가 학생들의 자기주도적 사고를 저해할 수 있다고 우려했다. 이러한 우려를 해소하기 위해서는 AI를 완전한 대체 도구가 아닌, 제한된 영역의 보조 도구로서만 활용하도록 해야 한다. 교육 현장에서는 학생들이 반드시 직접 글을 쓰고 사고하는 활동을 기본으로 하되, AI는 아이디어 구상이나 초고 검토 등 제한된 영역에서만 활용하도록 지도해야 한다. 또한 교사들은 학생들에게 AI의 한계를 명확히 인식시키고, 직접 글을 써 보는 활동과 창작 과제, 프로젝트 중심 학습 등을 진행하여 학생들이 기초 문해력과 창의성을 유지하도록 지도해야 한다. 이는 AI 시대에 교육자의 역할이 더욱 중요해졌으며, AI 활용과 비활용 활동의 적절한 균형을 유지하는 교육 설계가 주요 과제임을 의미한다.

둘째, AI 활용에 대한 명확한 가이드라인 수립과 홍보가 필요하다. 미국 비영리기관 커먼 센스 미디어(Common Sense Media)의 조사[10]에 따르면 청소년의 60%가 학교의 AI 사용 규칙을 모르거나 규칙이 없다고 응답했으며, AI를 학교 과제에 활용한 학생 중 46%는 교사의 허락 없이 사용한 것으로 나타났다. 특히 미성년자의 경우 AI 서비스 활용에 부모의 동의가 필요한 경우가 많은데, 학교 현장에서는 이를 위한 행정 절차가 복잡하고 동의서 수령 방식 등이 명확하지 않은 실정이다. 일부 교육청과 대학에서 관련 가이드라인을 개발했지만, 실제 구성원들이 이를 제대로 인지하고 활용하는 비율이 낮은 상황이다. 따라서 각 학교급별 특성을 고려한 구체적인 AI 활용 지침을 개발하고, 이를 구성원들에게 효과적으로 전달하는 체계를 구축할 필요가 분명하다.

셋째, 학부모들의 AI에 대한 인식 제고가 필요하다. 커먼 센스 미디어의 조사에 따르면, 자녀의 AI 사용을 인지하고 있는 학부모는 37%에 불과하며, 39%는 자녀의 AI 사용 여부를 전혀 알지 못하는 것으로 나타났다. 이는 가정에서 자녀의 AI 활용에 대한 적절한 지도가 이루어지기 어

8) 김용성(2023), 챗GPT 충격 생성형 AI와 교육의 미래, 프리렉.
9) Picton, I., & Clark, C.(2024), Teachers' use of generative AI to support literacy in 2024, London: National Literacy Trust.
10) Madden, M., Calvin, A., Hasse, A., & Lenhart, A. (2024), The dawn of the AI era: Teens, parents, and the adoption of generative AI at home and school.
San Francisco, CA: Common Sense. https://www.commonsensemedia.org/sites/default/files/research/report/2024-the-dawn-of-the-ai-era_final-release-for-web.pdf

려운 상황임을 보여 준다. 따라서 학부모를 대상으로 한 AI 리터러시 교육 프로그램을 운영하고, 자녀의 AI 활용에 대한 적절한 모니터링과 지도 방법을 안내해야 한다. 또한 학교와 가정이 연계된 AI 활용 가이드라인을 제공하고 AI 윤리 교육과 올바른 활용 방법에 대한 학부모 교육도 함께 이루어져야 할 것이다.

  넷째, 사회 전반에 걸쳐 나타나는 'AI 디바이드(AI Divide)' 현상이 교육 분야에서도 중요한 과제로 대두[11] 되고 있다. AI 디바이드는 AI 기술의 접근성과 활용 능력의 차이로 인해 발생하는 새로운 형태의 격차를 의미하는데 교육 현장에서는 특히 교육자와 학습자 모두에게서 이러한 현상이 두드러지게 나타나고 있다. 교육자 측면에서는 AI를 교육과 연구, 업무 등에 효과적으로 활용하는 사람과 그렇지 않은 사람 사이의 역량 차이가 점차 커지고 있다. 학습자 측면에서도 AI를 학습 도구로 적절히 활용하는 학생과 그렇지 않은 학생 간의 학습 효율성 측면에서 차이가 벌어지고 있는데, 여기서 '적절한 활용'이란 AI에 과도하게 의존하는 것이 아니라 필요한 상황에 보조 도구로서 효과적으로 활용하는 것을 의미한다. 각 지역 교육청과 학교에서 AI 활용 교육과 홍보가 강화되면서 기존에 발생할 수 밖에 없었던 지역 간 격차는 오히려 줄어들 수 있을 것으로 보이나, 개인 간 AI 활용 능력 차이는 시간이 갈수록 더욱 심화될 우려가 있다. 따라서 교육 분야의 AI 디바이드 해소를 위해서는 교육자와 학습자 모두에게 AI의 적절한 활용 방법을 안내하는 등 체계적인 지원 체계 구축이 필요하다.

다섯째, AI가 제공하는 정보의 신뢰성 검증 문제가 중요한 과제로 대두되고 있다. 특히 교육 현장에서 AI가 제시하는 정보의 정확성과 신뢰성 확보는 학습의 질과 직결되는 핵심적인 문제다. 교사와 학생 모두가 AI가 제공하는 정보를 맹신하지 않고 반드시 교차 검증하는 습관을 형성해야 하며, 특히 교과 학습에서는 AI가 제시하는 내용의 사실 여부를 철저히 확인하는 과정이 필요하다. 이는 단순히 AI의 환각 현상(Hallucination)에 대한 대응을 넘어, 디지털 시대에 필수적인 AI 리터러시 교육의 일환으로 다뤄져야 한다. 현재는 AI가 제공하는 정보의 신뢰성을 검증하는 방법이나 기준이 미흡한 상황이지만 이는 AI를 교육에 활용하는 데 있어 가장 기본이 되는 부분인 만큼 교육청과 학교 차원의 구체적인 활용 가이드가 필요하다. 또한 각 교과별 특성에 맞는 AI 정보 검증 가이드라인을 개발하고 이를 교육 현장에서 실질적으로 활용하도록 지원해야 할 것이다.

---

11) 김용성(2024). AI 리터러시: 인공지능 필수 지식부터 완벽 활용까지. 프리렉.

지금 디지털 전환에 필요한 환경 구축

: 사회적 환경과 물리적 환경

조기성 (계성초등학교 교사)

1. 교육 디지털 전환의 사회적 조건
2. 디지털 교실 구축을 위한 물리적 환경 조건 네 가지
3. 디지털 전환을 위한 수업 환경 체크리스트

1. 교육 디지털 전환의 사회적 조건

학교 현장의 신뢰와 지지

이주호 교육부총리는 2025년 신년사에서 AI 디지털교과서와 고교학점제를 꼼꼼히 챙기겠다고 하면서 "인공지능 디지털교과서 도입을 추진하고 학교 디지털 인프라를 개선해 교사가 주도하는 교실 수업의 변화를 이끌어 내고" "선생님들이 다른 걱정 없이 교실에서 아이들에게 역량과 열정을 쏟을 수 있도록 전국 32개 교육활동보호센터를 통해 교원의 보호에도 전념"하겠다고 했다.

　　교육의 디지털 전환이 단순하게 디지털 인프라 개선으로 추진되는 일이었다면 디지털 강국인 우리나라 교육의 디지털 전환은 이미 끝이 났을 것이다. 하지만 2025년에 도입하려던 AI 디지털교과서는 2024년 12월 26일 국회에서 초중등교육법 개정안이 통과되면서 교과서의 지위가 아닌 교육자료가 되어 활용 여부를 학교장 재량으로 선택하게 되었다. 이후 행정부가 개정법에 대한 거부권을 행사하였고, 1년간 AI 디지털교과서 사용 여부는 학교 자율에 맡기는 것으로 하였다. 애초 2025년 수학, 영어, 정보 교과를 시작으로 하여 2026년에 국어, 사회, 과학, 기술·가정 과목에 AI 디지털교과서를 도입하려 하였던 것이 결국 국어와 기술·가정은 개발 계획에서 빠지게 되었고 사회, 과학 과목의 도입은 연기되었다.

　　원인을 생각해 보지 않을 수 없다. 교육의 디지털 전환은 교단 선진화

정책(1997년부터 추진)으로 교실에 PC와 인터넷 그리고 대형 TV가 보급되면서 수업 차원에서 멀티미디어 교육 자료가 보급되고 활용되었고, 이후 디지털교과서 시범사업과 스마트교육 추진전략(2011년)을 거쳐 교실에 무선 인프라와 개인 디바이스 활용 수업의 모습이 시작되었으며, 이후 디지털교과서 정책(2012)이 이어지면서 정책 흐름이 지속되었다. 여기에 코로나19로 인한 온라인 개학(2020년 4월 9일)으로 비대면 수업을 할 수 없게 되면서 디지털 활용을 할 수밖에 없는 환경에 놓여 있었다.

이후 다시 등교가 시작되면서 디지털 활용은 교사의 선택이 되었다. 이주호 교육부총리는 AI 디지털교과서 추진방안(2023년 6월 8일)을 발표하면서 AI 디지털교과서의 활용에 대해 발표하였고 이후 야당과 일부 교사 단체, 시민 단체의 반대와 짧은 제작 기간 등의 문제로 추진 방안은 표류하게 되었다.

성적처리 차원에서 보면 아날로그 방식이었던 학교생활기록부를 SA(Stand Alone)방식[1]으로 전산화를 추진(1977년 시작)하기 시작했으며 이후 CA(학교종합정보관리시스템)를 통해 학교 내 서버에 저작하는 시스템으로 변화되었고 현재의 NEIS(National Education Information System) 시스템이 2000년부터 구축되어 2023년에 본격적으로 추진되기 시작하였다. 현재의 NEIS는 2023년에 개통된 4세대 지능형 나이스 시스템으로 볼 수 있다.

아날로그 방식으로 처리되던 성적 및 생활기록부를 데이터 기반 디지털 형식으로 전환을 하는 방안과 수업 방식에서의 디지털 전환이 서로 유기적으로 진행되어야 함에도 별개 절차와 시스템으로 진행되었기 때문에 디지털 전환에 대한 필요를 바탕으로 진행하는 정책임에도 교육 현장의 여론이 반영되지 못했고 사회 문화적 지지 또한 얻지 못했다고 볼 수 있다.

결국 교육의 디지털 전환을 위해서는 교수–학습–평가가 일체화되는 통합적인 데이터 처리 시스템이 갖춰져 교사들이 수업하고 학생들이 학습하는 모든 내용이 데이터로 기록될 수 있는 유기적인 구조화가 필요하다고 볼 수 있다.

학부모 인식의 제고

우리나라의 교육 수준은 어떠한가? 우리나라를 제외한 해외에서는 우리나라의 경제 문화 발전이 교육의 힘이라는 말을 많이 한다. 미국의 버락 오바마 전 대통령 등 한국 교육의 힘을 극찬한 사례가 적지 않다. 하지만 우리나라의 근대 교육 역사는 길지 않다. 한국전쟁 이후 근대 교육이 시작되면서 폐허가 된 국가를 재건하기 위해 리더를 양성하는 주입식, 지식 위주의 교육을 하게 되었고 결과는 훌륭했다. 하지만 지식 중심의 주입식 교육을 통해 길러진 인재는 지식에는 강점이 있지만 디지털 시대에 필요한 문제 해결력이나 창의력이 부족할 수 밖에 없다.

결국 세상이 변했고 이에 따라 교육도 변화해야 한다는 점은 누구나

---

1) SA 방식은 단독 컴퓨터 내에 학교생활기록부 13개 항목을 처리할 수 있도록 하고 생활기록부 및 건강기록부 내용을 교육부에 파일로 제출하도록 했다.

공감할 수밖에 없는 한편 자녀가 열심히 공부해서 좋은 대학에 가고 전문직이 되거나 대기업에 취직해서 높은 연봉을 받아야 한다는 학부모들의 생각은 근대 교육 70년 역사에 변함없이 여전히 진행되고 있다.

공교육은 선행학습 금지법이라고 불리는 〈공교육 정상화 촉진 및 선행 규제에 관한 특별법〉으로 인해 심화 학습을 제공하는 범위가 정해져 있다. 경쟁에서 우위를 점하도록 해야 하고 이를 위해 사교육에 최대한 의존할 수밖에 없다는 과거의 사고를 학부모는 변함없이 가지고 있다. 교육 디지털 전환을 성공시키기 위해서는 학부모들의 이런 인식이 변화될 필요가 있다. 지식 중심으로 경쟁해 좀 더 우위를 점하고 좋은 대학을 간다고 해서 미래가 행복할 수 있는 건 아니라는 인식으로 이제 전환되어야 한다. 이미 공기업뿐 아니라 많은 민간기업에서 블라인드 채용 등의 방법으로 학벌이 아닌 문제 해결력을 통해 인재를 채용하고 있다.

학부모들이 디지털 전환에 대한 반감을 갖게 되는 데에는 디지털 도구를 활용했을 때의 단점들이 너무 자극적으로 부각된다는 점도 한몫한다. 그동안 우리나라는 새로운 도구에 대해 중독이라는 프레임을 씌워 왔다. TV 중독, 인터넷 중독, 게임 중독 등 새로운 것에 유독 부정성을 강조해 왔다. 현재는 게임 과몰입, 스마트폰 과몰입으로 용어가 조금 바뀌었을 뿐이다. 세상의 모든 도구에는 양면성이 있다. 부정적인 면이 있다면 긍정적인 면도 존재한다.

결국 스마트 기기나 디지털 전환도 마찬가지다. 우리 아이들이 바르게 활용할 수 있도록 하는 것이 중요하다. 아이들에게 바르게 사용하는 방법을 가르쳐 준 적이 없기 때문에 과몰입이 일어나는 것이다. 학교에서 스스로 지식을 찾고 공유하며 친구들과 의견을 나누고 함께 문제를 해결하는 도구로 활용하는 방법과 윤리를 가르쳐서 이 도구를 세상을 이롭게 만드는 데 사용하도록 할 일이다.

AI 디지털교과서에 대해 일부 학부모가 반대하는 것은 디지털을 활용한 수업이 학생들의 건강에 좋지 않은 영향을 줄 것이라는 염려와 과몰입에 대한 우려 때문이다. 학교에서 디지털 기기를 아이들에게 맡기고 방치하는 것이 아니라 교육 전문가인 교사가 학교에서 아이들에게 바른 사용법, 선택적 효과적으로 활용하는 방법을 적극적으로 교육하고 보여주기 때문에, 학부모가 가질 수 있는 염려와 우려가 학교에서 해소될 것이라는 긍정적인 기대와 믿음도 부각되고 회자되어어야 한다.

결과적으로 디지털 전환을 위해서는 학교에서 디지털 도구가 올바르게 활용되고 아이들이 긍정적이고 교육적으로 변화하는 모습이 학부모에 보다 충분히 전달될 필요가 있다. 다양한 학부모 간담회와 학부모 연수를 개최하고, 좋은 사례는 언론 보도를 포함해 다양한 미디어로 노출되고 담론화 일반화되도록 하여 학부모의 인식을 개선해야 한다.

2. 디지털 교실 구축을 위한 물리적 환경 조건 네 가지

네트워크 환경의 최적화

교육의 디지털 전환에 가장 중요한 물리적 환경은 네트워크 환경이다. 자율주행 자동차 기술이 아무리 발달하더라도 도로가 1차선이거나 깔려 있지 않으면 무용지물이듯 학습 데이터가 쌓일 수 있는 공간이 만들어지고 AI로 분석되는 시스템이 만들어지더라도 네트워크 인프라가 뒷받침되지 않으면 아무 소용이 없다. 특히 단순하게 다운로드되어 콘텐츠 소비가 일어나는 가정용과 다르게 교육용은 다운로드와 업로드가 지속적으로 이루어지기 때문에 네트워크의 부하가 심한 편이다.

현재 교육 네트워크는 스쿨넷을 통해 서비스를 제공받고 있다. 물리

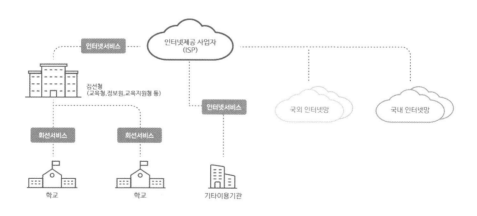

스쿨넷 서비스 구조도[2]

지역	300M	350M	400M	500M	600M	700M	800M	900M	1G	1.5G	2G		9G	10G	합계
서울특별시	2	0	1	4	0	0	7	0	1,432	0	2		0	0	1,471
부산광역시	0	0	0	0	0	0	17	0	668	0	0		0	0	685
대구광역시	55	0	57	0	0	0	20	2	228	10	0		0	0	715
인천광역시	0	0	0	0	0	0	13	0	552	0	0		0	0	592
광주광역시	0	0	0	0	0	0	0	0	325	0	0		0	0	339
대전광역시	0	0	0	0	0	0	0	0	323	0	0		0	0	323
울산광역시	0	0	0	0	0	0	1	0	260	0	0		0	0	278
세종특별자치시	0	0	0	0	0	0	0	0	89	0	0		0	0	162
경기도	6	0	9	5	0	0	258	0	2,422	1	1		0	0	2,738
강원특별자치도	36	0	33	0	0	0	41	0	217	0	0		0	0	787
충청북도	0	0	0	0	0	0	493	0	33	0	0		0	0	634
충청남도	0	0	0	2	0	0	2	0	371	0	0		0	0	781
전라북도	2	0	2	0	0	0	0	0	682	0	0		0	0	959
전라남도	0	0	323	0	0	0	1	0	251	1	1		0	0	1,035
경상북도	0	0	0	0	0	0	3	0	529	0	0		0	0	1,000
경상남도	0	0	0	0	0	0	3	0	1,062	0	0		0	0	1,115
제주특별자치도	4	0	0	17	0	0	1	0	197	0	0		0	0	230
합계	105	0	425	28	0	0	861	2	9,641	12	4		0	0	13,844

2024년 11월 전국 스쿨넷 회선 서비스 이용 현황[3]

적으로는 1Gbps 이상의 서비스가 대부분 구축되어 있는데 모든 교실에서 디지털교과서 포함 도구들을 적극적으로 활용하기 위해서는 학교 규모에 따라 10Gbps 인터넷이 제공되어야 원활한 이용이 가능하다.

이에 2024년 11월 정보통신신문 기사에 따르면 스쿨넷의 1Gbps 전용회선과 별도로 분리된 10Gbps 인터넷 구축 사업이 진행되어 2월까지 전국 4,053개 학교에 시범 설치될 예정이라고 했던 바 있다[4].

기존의 1Gbps 회선이 들어오는 경우라도 학교 네트워크의 관리 상태에 따라 보다 낮게 활용할 수 있다. 하지만 대부분의 학교는 와이파이 설치 설계가 제대로 되지 않아 들어오는 회선의 속도를 제대로 이용하지 못하고 있는 것이 현실이다. 기존에 설치되어 있던 무선인터넷 주파수와

---

2) 스쿨넷 서비스 지원센터 홈페이지 https://www.school-net.or.kr/
3) 스쿨넷 서비스 지원센터 홈페이지 https://www.school-net.or.kr/
4) 성원영(2024.11.01.), 10기가 인터넷 4,053개 학교에 깔린다. 정보통신신문.
　　https://www.koit.co.kr/news/articleView.html?idxno=126295

새로 설치된 무선인터넷 주파수가 상호 간섭되어 속도를 저하시키는 경우가 많아 전문가들의 점검이 필요한 실정이다. 필자의 학교에는 1Gbps에 Wi-Fi 5를 지원하는 무선 AP가 설치되어 있지만 무선인터넷 속도를 측정해 보면 다운로드 700Mbps 업로드 600Mbps의 속도로 수업에 지장이 없는 속도가 나오고 있다. 현재 무선 AP는 Wi-Fi 6E가 설치되고 있으며 최신 기술로는 Wi-Fi 7이 연구 중인 상황으로, 기술이 발달하면서 데이터 처리와 분산처리 기술이 더욱 원활한 제품들이 출시될 것이다.

현재는 가장 우선적으로 학내 무선인프라 점검을 통해 네트워크 속도를 최적화하고 점진적으로 10Gbps로 속도를 올려 주면 수업에서 디지털 도구들이 원활하게 활용되는 환경을 갖출 수 있을 것이다.

	WiFi 5	WiFi 6	WiFi 6E	WiFi 7
도입	2013	2019	2021	2024
IEEE 표준	802.11ac	802.11ax	802.11ax	802.11be
최대 속도	3.5 Gbps	9.6 Gbps	9.6 Gbps	46 Gbps
대역	2.4 GHz, 5 GHz	2.4 GHz, 5 GHz	6 GHz	2.4 GHz, 5 GHz, 6 GHz
멀티 링크 작동	아니요	아니요	아니요	예
보안	WPA 2	WPA 3	WPA 3	WPA 3
채널 크기	20, 40, 80, 80+80, 160 MHz	20, 40, 80, 80+80, 160 MHz	20, 40, 80, 80+80, 160 MHz	20, 40, 80, 80+80, 160 MHz, 320 MHz
변조	256-QAM-OFDMA	1024-QAM-OFDMA	1024-QAM-OFDMA	4096-QAM-OFDMA
MIMO	4x4 MIMO, DL MU-MIMO	8x8 UL/D/ MU-MIMO	8x8 UL/D/ MU-MIMO	16x16 MU-MIMO

WIFI 세대별 비교[5]

5) 넷기어(NETGEAR) 홈페이지 https://www.netgear.com/kr/

데이터 관리를 위한 계정 정보

디지털을 활용하는 교육을 할 때 가장 첫 단계는 가입과 로그인이라고
할 수 있다. AI 디지털교과서를 로그인할 때도 에듀테크 제품을 활용할
때도 계정이 여러 개이고 비밀번호가 여러 개라면 학생들은 어려워하고
아이디와 비밀번호를 분실하는 경우가 많아 활용하지 못할 때가 많아질
것이다.

따라서 디지털 전환을 위한 첫 번째는 과제는 단일 계정이다. 하나의
계정을 통해 학생들의 데이터가 지속적으로 관리될 수 있을 때 교수–학

교육디지털원패스

습-평가의 일체화가 유의미해지고, 수집된 학습 데이터가 교육 변화의 재료로 이용될 수 있다. 다행스럽게도 교육디지털원패스(https://edupass. neisplus.kr)가 만들어져 학생들의 계정을 하나로 활용할 있게 되었다. 아쉬운 것은 미리 활성화를 시켰다면 국내외 에듀테크 제품에서도 교육디지털원패스의 API를 받아 쉽게 활용할 수 있었을 것이라는 점이다.

교육 디바이스

현재 학교에 보급되어 있는 교육용 디바이스 OS는 5개 종류이다. 마이크로소프트의 윈도우즈와 구글의 크롬, 안드로이드, 애플의 IPAD OS, 네이버의 웨일OS이다. 디바이스들은 10인치 이상의 디스플레이와 터치, 터치펜을 지원하고 있으며 각각의 장단점을 갖고 있다. 안드로이드와 IPAD는 모바일 기반 제품으로 다양한 애플리케이션을 지원하는 장점이 있으나 키보드를 무선 연결해서 활용해야 하고 모바일 기반이라 웹으로 제공하는 AI 디지털교과서 및 에듀테크 제품을 활용할 때 오류가 생길 수 있다.

　AI 디지털교과서와 최근 교육 제품들이 웹으로 개발되고 제공되고 있으며 데이터를 주고받을 때 웹3.0 기술을 활용하여 보안 등을 적용하고 있어서 어떤 OS의 디바이스를 활용하는 것이 장점이 크다고 이야기할 수 없으나 네트워크 접속을 위해 Wi-Fi 6 이상의 네트워크를 지원하고 8G 이상의 내장 메모리를 지원해 주는 제품을 권한다.

AI 디지털교과서와 학습 데이터를 활용한 디지털 전환

AI 디지털교과서의 법적 지위가 교과서이든 학습자료이든 학생들의 학습 데이터를 분석해 개별화해 주고자 하는 교육 디지털 전환의 흐름 위에 있다는 것은 다르지 않다. 특히 영어, 수학 교과처럼 학습 위계가 명확한 교과에서는 학생들의 학습 데이터가 학생의 학습 미비 사항을 분석하여 보충하도록 도와주는 근거로 활용될 것이다. 교사들 또한 데이터를 바탕으로 학생들이 겪고 있을 어려움을 빠르게 파악하고 정확한 도움과 처방을 결정하는 근거로 활용할 수 있을 것이다.

단 현재의 AI 디지털교과서는 아직 학습 데이터가 누적되지 않은 상태이기 때문에 첫해는 학습 데이터를 누적하여 최적화된 분석 시스템을 검증하는 시기를 보내야 한다. 또한 학습 데이터가 누적 관리되어 개인 데이터가 분석될 수 있도록 만들어야 한다. 초등학교 3학년 때의 학습 데이터에 4학년 때도 데이터를 누적 관리하면서 맞춤형 학습의 근거로 삼고 학생의 변화를 관찰할 수 있어야 한다. 향후에는 학습 데이터뿐 아니라 진로, 적성, 취미와 인성 등의 데이터도 누적하여 관리할 수 있어야 한다.

금융권에서 '마이 데이터'를 통해 금융상품을 한곳에서 관리할 수 있듯이 교육 마이데이터 시스템을 만들어 개인이 누적된 학습 현황을 파악하고 장단점이나 편향 등을 분석, 관리할 수 있는 발전된 시스템으로 개선될 수 있어야 한다.

이런 시스템의 발전을 통해 현재 입시제도의 다변화도 가능해질 수 있다. 현재 수시와 정시로 구분되어 있는 입시제도는 결국 시험이라는

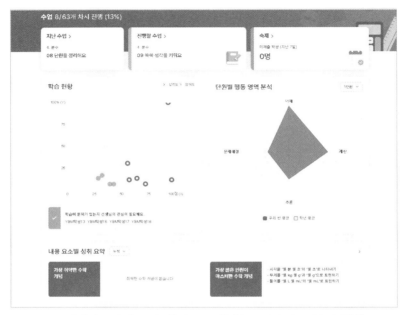

AI 디지털교과서 교사 대시보드 예시(YBM 3-2 초등 수학)[6]

도구에 근거하여 좌우되는데 누적 관리된 교육 데이터는 학생의 소질과 적성에 근거한 진학도 가능하게 할 수 있다.

2025년에는 고교학점제와 성취평가제가 함께 도입되는데 이 정책들이 안정적인 디지털 전환과 함께 추진될 때 교육의 긍정적 전환은 다각도에서 일어나게 될 것이다.

3. 디지털 전환을 위한 수업 환경 체크리스트

앞에서 디지털 교실 구축을 위한 물리적 환경 조건에 대해 알아보았다. 이 물리적 환경은 디지털 전환에 직접적으로 영향을 미치기 때문에 필수적, 선제적으로 갖추어져야 할 사항일 뿐 아니라, 항시적 관리를 요한다.

물리적인 환경은 기술이 발달하면서 지속적으로 개선해 나갈 수밖에 없다. 하지만 예산상 한계로 인해 항상 최신 제품으로 업데이트를 할 수는 없기 때문에 체크리스트를 통해 환경을 항상 점검하고 관리하면서 우리 학교와 우리 교실의 물리적 환경을 최적화해 나가야 한다.

가) 네트워크 최적화 및 체크 하기

AI 디지털교과서나 에듀테크를 활용하여 수업을 하다 보면 자주 접속이 끊어지는 학생을 볼 수 있다. 이런 원인의 대부분은 네트워크 접속이 불안정하기 때문이다.

만약 학교의 AP의 SSID 이름이 모두 같은 이름으로 설정이 되어 있다면 우리 교실의 AP가 아닌 옆 교실의 AP에 접속했을 가능성도 있다.

---

6) AI 디지털교과서 웹전시 시스템

이럴 때는 무선 접속을 끊은 다음 우리 교실 AP 근처에서 다시 접속을 시도할 수 있다.

교실마다 다른 이름의 SSID를 설정하는 방법도 있다. 교실 네트워크 관리 서버에 접속하여 교실마다 이름을 다르게 설정해 두는 것이다.(예: 1학년 1반 CLASS11, 2학년 2반 CLASS22)

최근에는 학교 전체 무선망을 동기화하여 학생이 이동을 하더라도 접속이 끊어지지 않게 하는 기술도 개발되어 있다. 무선 AP 관리 서버를 도입하여 교내 전체AP를 하나의 AP처럼 동기화하여 활용할 수 있는데 이는 AI를 통해 제어하는 방식이기도 하다.

우리 교실의 네트워크 상태와 속도를 측정할 수 있는 방법에는 어떤 것이 있을까? 포털사이트에 인터넷 속도 측정이라고 검색하면 다음과 같은 화면이 나온다.

첫 번째 나오는 인터넷 속도 테스트를 클릭하면 현재 접속되어 있는 인터넷 속도가 빠르게 측정이 되어 다음과 같은 결과가 나온다.

두 번째 나오는 FAST.COM은 간단한 인터넷 속도가 나오며 상세 정보를 보면 업로드와 다운로드 속도를 확인할 수 있다.

세 번째 한국 지능정보사회진흥원(NIA)에서 제공하는 인터넷 측정은 측정프로그램을 설치 후(윈도우) 측정이 가능하며 IOS와 안드로이드에서는 앱으로 측정이 가능하다.

학교의 예산에 따라 우선순위가 바뀌겠지만 네트워크에 문제가 있다면 디지털교과서에 동시접속한 후 위와 같은 방법으로 속도 측정을 통해 네트워크의 부하도를 측정하고 문제가 있다면 최적화를 위해 전문가와 상담을 하는 것을 권하고 싶다.

학교에 들어오는 인터넷 속도에 비해 현저하게 느린 속도라면 채널 최적화 등을 통한 속도 개선은 필수이다.

나) 교실 디스플레이

네트워크와 디바이스 외에도 TV 및 전자칠판처럼 학생들에게 콘텐츠를 보여 주는 디스플레이는 꼭 필요하다. 다양한 콘텐츠를 보여 주면서 판서 기능을 통해 설명도 가능하다.

교실 규모에 따라 필요 크기는 다르지만 교실 전면 중앙을 기준으로 75인치 이상 크기의 화면일 때 교실 뒤편에서도 선명하게 보일 수 있다. 최근 전자칠판은 나라장터 기준으로 86인치를 500만 원 정도에 구입할 수 있다. 최신 제품은 디바이스와의 무선 미러링을 제공하는 것도 있기 때문에 학생들의 디바이스를 연결하여 발표 자료를 띄워 보여 줄 수도 있으며, 전자칠판 자체에 안드로이드 OS가 내장되어 있기 때문에 애플리케이션을 설치한 뒤 교육용 콘텐츠를 실행해 보여 줄 수도 있다.

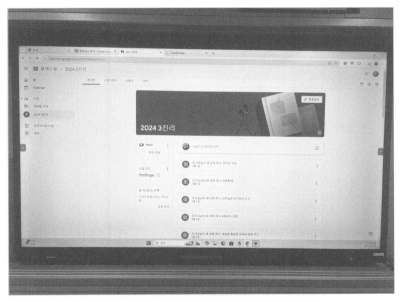

86인치 전자칠판과 구글클래스룸

다) 교육 디바이스

AI 디지털교과서나 최신 에듀테크의 경우 WEB으로 제공되고 있기에 어떤 OS의 디바이스를 사용해도 무방하나 학교급이나 수업 방식에 따라 애플리케이션을 활용하느냐 설치형 프로그램을 활용하느냐에 따라 OS를 결정해야 한다.

시도 교육청에서는 교육 디바이스를 보급할 때 최신 규격에 맞는 제품을 선정하여 보급하고 있다. 일부 시도에서는 학교에서 OS를 결정하면 이에 맞는 교육 디바이스를 시도 교육청에서 선정해 구매, 보급하는 방식으로 진행하고 있고, OS를 시도 교육청에서 선정하여 모든 학교에 디바이스를 보급하는 경우도 있다.

라) 온라인 교실 환경

디지털 수업을 원활하게 진행하기 위해서는, 진행하고자 하는 주요 활동에 적합하고 안정적인 온라인 교실 환경을 선택해 이용할 수 있어야 한다. 시도 교육청에서 제공하는 플랫폼을 사용하거나 교사의 선호도에 따라 구글, MS, 웨일 등에서 제공하는 클래스룸이나 기타 클래스룸을 통해 학생들과 소통을 하고 정보를 주고받을 수 있다. AI 디지털교과서를 활용하더라도 기본적으로 학생들의 과제를 안내하고 제출받을 수 있는 온라인 교실은 꼭 필요하다. 특정 플랫폼에 정답이 있지 않기 때문에 학교에서 통일을 할 수도 있고 교사 각자의 취향에 따라 선택할 수도 있다.

마) 교실 환경 체크리스트

디지털 전환을 위한 환경 체크리스트를 다음 표와 같이 정리했다.

	내용	기준	수정방법
네트워크 속도	벤치비 등의 교실 속도 측정	업로드 다운로드 속도 500Mbps 이상	1. 채널 최적화 2. 인입속도 증속
디스플레이 환경	75인치 이상의 디스플레이 미러링 지원	교실 규모	신규 구축
교육 디바이스	네트워크와 웹 접근 지원	WIFI 6 이상 8GB 메모리	
OS	WINDOWS, 크롬, 웨일, 안드로이드, 아이패드OS	우리 학교의 수업 방식	시도 교육청에 따라 방식이 다름.
수업환경	수업에 기본이 되는 웹교실 구축	시도 교육청 플랫폼 및 각 OS 제공 학습 플랫폼	

보통의 디지털 교육을 온전하게 실현하는 교사와 학교

이은상 (서울특별시교육청 장학사)

1. 디지털 전환 시대, 확장되고 깊어진 2025
2. 새롭지만 온전한 '보통'의 디지털 교육과 교사상: E.D.U.
3. 교사상 실현을 위한 몇 가지 제안

1. 디지털 전환 시대, 확장되고 깊어진 2025

현대사회는 급속도로 변화하고 있다. 디지털 기술의 발전과 더불어 정치 · 경제 · 사회 · 문화의 다양한 요소들이 복합적으로 작용해 급속한 변화를 촉진하고 있다. 세계 경제의 저성장 기조, 교육 예산의 감소, 정서 위기 학생의 증가, 청소년들의 과의존적 디지털 기기 사용 양상, 학교 공동체 상호 간의 관계 약화 등은 2025년 교육계가 직면한 현실이다. 디지털 교육의 트렌드를 설명하는 단어와 문장들도 사회 변화와 교육계가 직면한 현실을 반영한다.

필자는 〈디지털 교육 트렌드 리포트 2024[1]〉에서 디지털 전환 시대의 교사상으로 '디지털 팀원이자 통합자로서의 교사', '학습환경 설계자로서의 교사', '다차원 협력자로서의 교사', '유비쿼터스 학습자로서 변화'를 꼽은 바 있다. 2024년에는 변화하고 있는 디지털 환경, 미래 교육과 미래 학교의 방향성 차원에서 교사상을 제시하였다. 그리고 디지털 전환이 학교에 도입될 때 학교 구성원들이 갖춰야 할 역량과 행동지표를 제시하였다. 이러한 것들은 향후 10년 간 디지털 교육을 위해 우리의 학교 혹은 교사 교육 분야에서 달성해야 할 과제이다.

2024년은 디지털 교육에 대한 강한 정책적 의지와 맞물린 경제적 지원이 이뤄졌던 반면 딥페이크, 스마트폰 과의존, 디지털 문해력 저하, 심리 · 정서 문제 증가 등의 여러 과제들도 등장한 해였다. 여러 우려와 풀어야 할 난제들이 증가함과 동시에 디지털 교육에 대한 기대 수준이 과거에 비해 높아졌다. 디지털 교육이 지향하는 맞춤형 교육을 실현하기 위해 교사들이 갖춰야 할 역량과 변화시켜야 할 역할 못지않게 실제 학급에서 일어나고 있는 문제들을 직시하지 않을 수 없는 것이 현실이다.

2025년 대한민국의 트렌드를 설명하는 세간의 표현들 가운데 '아.보.하.'가 있다[2]. 이는 '아주 보통의 하루'의 줄임말로 특별한 행복을 추구하기보다는 온전한 일상에 만족하는 삶을 추구하는 경향성을 뜻하는 말이다. 즉, 온전성 추구에 주목하며 단발적인 특별함보다는 기본, 본질, 순리에 맞는 온전함에서 행복을 찾는 것이 현재의 우리 사회의 트렌드라는 것이다. 이러한 사회적 트렌드는 교육계에 어떤 영향을 미칠까? 2024년에 제시한 교사상과 더불어 2025년 이후 학교 그리고 교사들이 관심 가져야 할 주제는 무엇일까?

2. 새롭지만 온전한 '보통'의 디지털 교육과 교사상: E.D.U.

디지털 교육을 새로운 교육 또는 혁신적인 교육으로 생각하기 쉽다. 기존에 사용하지 않던 도구를 교육에 활용하고, 기존에 해결하지 못했던 문제를 디지털 기기로 해결하려는 측면이 있기 때문이다. 그러나 우리는 디지털 교육에서 강조한 핵심을 들여다볼 필요가 있다. 그동안 디지털 교육에서 강조한 것은 '새로운 도구'가 아니라 학생들의 '진정한 배움'이었을 것이다. 학교, 교실, 수업 등에서 추구하는 보통의 목표가 '진정한 배움'이라면 디지털 교육의 핵심은 기본과 본질에 바탕을 둔 '보통'의 교육으로부터 시작하는 것이다.

2025년 이후부터는 디지털 교육이 갖는 가능성 못지않게 디지털 교육을 이루는 여러 요소들이 온전하게 결합되어 있는지 혹은 결합될 수 있는지에 대한 질문이 기존보다 더 많아질 것이다. 디지털 교육이 새로움에 대한 추구를 넘어 온전함에 바탕한 '보통'의 교육으로부터 출발하고 있는지를 점검해 보는 흐름이 분명해질 것이다. 필자는 '보통'의 의미를 '본질적인(Essential)', '바람직한(Desirable)', '보편적인(Universal)'으로 해석하여 디지털 교육의 방향을 제안해 보고자 한다.

---

1) 박기현 외(2023). 디지털 교육 트렌드 리포트 2024. 테크빌교육.
2) 김난도 외(2024). 트렌드 코리아 2025. 미래의 창.

교육의 본질을 실현하는 교사

우리 교실에서 학생들은 '진짜' 학습을 하고 있을까? 우리에게 잘 알려진 한 실험[3]에서는 주입식으로 진행되는 강의식 교실 수업을 받고 있는 학생들이 진짜 학습을 하고 있는지 의문을 제기했던 바 있다. 교사가 일방적으로 전달하는 지식을 받아들일 때가 아니라 학생들이 스스로 지식을 구성할 때 진정한 배움이 일어난다. 일반적으로 이러한 학습을 학생 중심 수업이라고 하고, 학생들이 학습에 의미 있게 참여했다고 말한다.

구성주의 패러다임 관점에서는 학생 중심 수업의 핵심을 다양한 상호작용을 통한 지식의 구성에 둔다. 학생과 학생 간, 학생과 교사 간, 학생과 환경 간의 상호작용을 통해 자신만의 지식을 구성해 가는 것이다.

OECD에서도 교육 2030 프로젝트[4]를 통해 행위주체성(Student agency) 개념을 제시한 바 있다. 행위주체성 양성은 교육의 본질이자 학생 중심 수업의 핵심이다. 학생들의 행위주체성은 저절로 길러지는 것이 아니라 동료 학생, 교사, 학부모, 지역사회와의 상호작용 즉 협력적 행위주체성(co-agency)을 통해 확보될 수 있다.

디지털 교육은 다양한 상호작용을 통해 학생 중심 수업이 원활하게 일어나는 교육이다. 수업에 사용되는 디지털 도구들은 학생들의 호기심을 유발하는 신기효과를 넘어 학생 중심 수업에서의 상호작용을 돕는 학습환경으로 작용한다. 이때 다양한 상호작용을 유도하기 위해서는 실제적인 교육, 삶과 연계된 교육이 필요하다. 단순히 교과 중심의 내용 구성만으로는 다양한 상호작용을 유도하는 데 한계가 있다. 우리나라 교육과정에서는 삶과 연계한 교육을 통한 깊이 있는 학습을 오랫동안 강조해 왔으나 선언적인 구호에 그친 면이 없지 않다. 그동안 실현하기 어려웠던 교육, 선언에 그친 교육을 실현할 때 디지털 교육은 교실 현장에서 보다 자연스럽게 채택되고, 확산될 수 있을 것이다.

2025년 디지털 교육이 교육의 본질을 실현하기 위해서는 우선 교사들은 교육과정 문해력을 통해 교육과정 재구성(성취기준 재구조화) 역량을 향상시켜야 한다. 디지털 도구를 활용하기 위해 교육을 하는 것이 아니라 교육을 위해 디지털 도구 활용이 불가피한 상황을 제시해야 한다. 삶과 연계한 수업을 설계하기 위해서는 교육과정에 대한 이해뿐만 아니라 교과 간 연계에 대한 이해, 협력적 수업 설계에 대한 이해와 활용 역량이 확보되어야 한다.

또한 디지털 도구에 대한 관점을 명확히 정립할 필요가 있다. 디지털 교육이 학생 중심 수업을 지향한다고 할 때 디지털 도구는 학생 중심 학습 환경의 일부가 된다. 구성주의 관점에서 디지털 도구는 하드웨어 그 이상이며 지적 파트너이다[5]. 디지털 도구를 효율적인 지식 전달 매체가 아니라 일종의 협업 대상으로 간주하고, 교사가 인간 중심적인 일에 더욱 집중할 수 있도록 교육 환경을 설계해야 한다.

3) Poh, M.Z., Swenson, N.C., Picard, R.W. (2010), "A Wearable Sensor for Unobtrusive, Long-term Assessment of Electrodermal Activity", IEEE Transactions on Biomedical Engineering, 57(5), 1243-1252.
4) Organisation for Economic Co-operation and Development.(2019), OECD future of education and skills 2030: OECD learning compass 2030, A series of concept notes.
5) Jonassen, D. H., & Land, S. M. (2012), Theoretical Foundations of learning Environments, UK: Taylor & Francis.

마지막으로 교육과정–수업–평가–디지털 도구 간의 긴밀한 연계에 대한 지식과 경험을 축적시킬 필요가 있다. 디지털 도구는 학습 효과를 담보하지 않는다. 디지털 도구가 학생들에게 제공하는 인지적·정서적·행동적 효과를 세밀히 관찰하고, 실증적인 효과들을 고려하여 수업과 평가에 활용하는 능력이 디지털 교육 시대의 교사 전문성을 이룰 것이다.

디지털 '무해력^{無害力}'을 양성하는 교사

디지털 기술 그 자체는 선도 아니고 악도 아니다. 디지털 기술을 누가 어떻게 사용하느냐에 따라 유익이 되기도 하고, 유해해지기도 한다. 디지털 기술은 인류의 삶의 질 향상을 위해 개발되지만 자신과 타인의 권리를 침해하는 용도로 사용되기도 한다. 지금까지 새롭게 출현한 디지털 기술은 동전의 양면과 같은 모습을 보여 왔다.

양면성을 보인 사례로 딥페이크 문제를 들 수 있다. 딥페이크는 딥러닝(Deep Learning)과 페이크(Fake)의 합성어로 기존 사진·영상을 다른 사진·영상에 겹쳐서 만들어 내는 인공지능 기반 이미지 합성기술이다[6]. 딥페이크는 디지털 기술을 통해 실존 인물을 재탄생시키거나 제3의 인물을 만들어 냄으로써 마케팅, 영화 산업 등의 분야에서 유용하게 활용된 바 있다.

그러나 딥페이크는 성적 음란물을 생성하거나 각종 사기 범죄에 악용되어 큰 문제를 야기하고 있다. 2024년은 딥페이크의 심각성이 우리 사회에 드러난 해였다. 더욱 심각한 것은 딥페이크에 의한 불법합성물(이미지·영상) 생성과 유포의 주 연령대가 10대라는 것이다. 허위 영상물 범죄 피의자 비율을 살펴보면 10대의 비율이 점차 증가하다가 2024년에는 70%를 넘어섰다[7]. 디지털 기술이 발전함에 따라 타인의 인권을 침해하는 현상 역시 더욱 다양화·고도화되고 있는 것이다.

디지털 기술은 타인의 인권만 침해하는 것이 아니라 자신의 심리·정서에도 부정적인 영향을 미칠 수 있다. 청소년들의 스마트폰 과의존 현상이 대표적이다. 청소년들은 게임이나 SNS 등을 통해 자극적이고 중독적인 문화를 접하고 있다. 2023년 10대 청소년들의 스마트폰 과의존 위험군은 약 40%에 이르고(여성가족부, 2024[8]), 하루 2시간 이상 게임과 인터넷을 사용하는 비율은 초등학생이 36.3%, 중·고등학생이 92.1%로 나타났다(국회입법조사처, 2024)[9]. 2024년 베스트셀러 도서로 소개된 〈불안세대[10]〉의 작가 조너선 하이트(Jonathan Haidt)는 10대가 스마트폰을 소유하고, 대면 접촉과 대인 관계가 감소하게 되면서 우울증과 같은 심리·정서적 문제가 더욱 심각해졌다는 사실을 책에 담았다.

---

6) 위키백과 '딥페이크'. https://ko.wikipedia.org/wiki/%EB%94%A5%ED%8E%98%EC%9D%B4%ED%81%AC

7) 윤성훈(2024.9.3.). 1~7월 '허위 영상물' 피의자 178명...10대가 74%. YTN 사이언스 투데이. https://www.youtube.com/watch?v=MikNIFpyv1w

8) 여성가족부 (2024). 2024 청소년 통계.

9) 국회입법조사처 (2024). 학생의 정신건강 실태와 향후 과제: 「제1차 학생건강증진 기본계획(2019~2023년)」 수립 전·후 비교를 중심으로.

10) 조너선 하이트(2024). 불안 세대. 이충호 역. 웅진지식하우스.

최근, 일부 선진국에서 청소년 대상 스마트폰 규제 움직임이 나타나고 있는 것은 앞서 제기한 문제와 무관하지 않다. 2024년 프랑스는 청소년의 스마트폰 사용을 국가적 위기 상황으로 규정하고, 일부 학교에서 시범 시행 중인 '디지털 쉼표' 정책[11]을 2025년부터 모든 초 · 중학교에서 시행하고 있다. 영국과 미국의 일부 지역에서도 청소년의 학교 내 스마트폰 금지 규정을 법률 또는 지침으로 만들어 시행하고 있다. 청소년들의 자율권을 침해하는 것이 아니냐에 대한 비판이 따를 수 있다. 그러나 갈수록 심각해지고 있는 스마트폰(기기) 과의존과 각종 폐해를 해결함으로써 자신과 타인에게 무해(無害)한 디지털 기기 사용 문화를 만들어야 한다는 데에는 세계적 공감대가 형성되고 있다.

　2025년 이후의 디지털 교육에서는 '디지털 기기를 어떻게 유용하게 사용할 것인가' 못지않게 '디지털 기기를 어떻게 건전하고 안전하게 사용할 것인가'가 강조되어야 할 것이다. 이를 위해 디지털 교육을 실시하는 교사는 관련 법제도를 준수하고, 윤리적으로 업무를 수행할 수 있는 능력을 우선 갖춰야 한다. 디지털 기기가 학생들의 학습과 건강 등에 미치는 영향을 사전에 점검할 뿐만 아니라 학생들의 디지털 기기 활용 실제에 대해 관찰 및 분석하여 디지털 학습 환경을 구성할 필요가 있다. 디지털 학습 환경을 구성할 때에는 학생들의 발달 단계, 학습 목적, 학생 수준 등을 고려하여 대인 간 상호작용을 통한 지식의 구성과 정서적 관계 형성이 수업 설계에 반영되어야 한다. 학년 내 · 학년 간, 교과 내 · 교과 간 협의 등을 통해 디지털 학습 환경 구성 및 활용의 양상과 학생들의 인지적 · 정서적 · 행동적 발달에 미치는 영향에 대해 고민해야 할 때이다.

　학교와 학급에서는 디지털 기기 사용 규칙을 민주적으로 결정하고,

준수하려는 노력도 중요하다. 디지털 기기를 사용하기에 앞서 학생들에게 디지털 기기 사용 규칙과 안전한 사용법을 미리 숙지하도록 할 필요가 있다. 특히 온라인상에서 타인의 초상권과 저작권을 침해하거나 욕설 및 비방 하는 행위의 위험성을 알리고, 학교뿐만 아니라 일상생활에서 타인의 인권을 침해하지 않도록 하는 예방 교육이 더욱 내실 있게 운영되어야 할 것이다.

디지털 격차를 최소화하는 교사

디지털 기기에 접근하거나 활용할 수 있는 능력은 소득 격차로 이어지고, 소득 격차는 다시 디지털 격차로 이어진다. 디지털 정보격차 실태조사 결과[12]를 살펴보면, 2021년 이후 디지털 정보 접근–역량–활용 수준은 해마다 소폭 향상되고 있다. 2023년 기준, 취약계층의 디지털 정보 격차 중 저소득층은 일반 국민 수준에 거의 근접해 있으나 노령층(70.7%), 농어민(79.5%), 장애인(82.8%)의 수준은 다소 격차가 있다.

디지털 기술이 더욱 발전하고 있는 상황에서 청소년들의 디지털 격

11) 윤기은(2024.8.24.). 프랑스, 중학교 스마트폰 사용 금지···유럽국 미성년 제한 확산. 경향신문. https://www.khan.co.kr/article/202408281339001
12) 과학기술정보통신부 · 한국지능정보사회진흥원(2024). 2023 디지털정보격차 실태조사.

차는 어떻게 될 것인가? 청소년들이 스마트폰을 단순히 소유한 것만으로 디지털 기기에 대한 접근성이 확보되었다고 말하기는 어렵다. 디지털 기기 중에서도 어떤 도구를 소유하고, 활용하는지에 따라 격차는 발생할 수 있다. 실제 한 연구에서는 청소년들이 사용하는 노트북은 정보활용, 정보생산, 참여격차 등에 유의한 영향을 주었다고 밝힌 바 있다(안정임, 2023)[13]. 인공지능 기술의 고도화, 상용화가 향후 디지털 격차에 어떠한 영향을 미칠 것인지 주목해 볼 필요가 있다.

지금의 청소년들을 태어날 때부터 디지털 기기에 둘러싸여 성장한 세대라 하여 디지털 네이티브(Digital Native) 세대라고 표현한다. 그러나 앞에서 살펴본 바와 같이 스마트폰에 대한 과의존도가 약 40% 정도에 이르는 것을 고려할 때, 청소년들이 질적인 측면에서 디지털 기기를 어떻게 활용하고 있는가에 대한 논의의 중요성이 점점 커지고 있다. 2021년, 우리나라의 디지털 문해력이 경제협력개발기구(OECD) 회원국 중 하위권에 머물고 있다는 OECD의 연구결과가[14]는 발표된 바 있다. 우리나라 청소년들이 온라인 텍스트에서 사실과 의견을 구별하는 능력은 25.6%로 OECD 평균 47.4%에 크게 미치지 못했다.

앞으로 디지털 교육에서 관심을 두어야 할 것은 디지털 기기에 대한 접근 기회와 하드웨어적 기기 활용 능력의 신장만이 아니다[15]. 디지털 격차는 청소년들이 디지털 기기를 얼마나 건전하게 활용하느냐, 디지털 기기를 통해 수집한 정보 중에서 좋은 정보를 선택하고, 양질의 산출물을 생산할 수 있는가로 확장되고 있기 때문이다. 디지털 교육은 청소년들이 일상생활의 문제 상황을 해결하는 과정에서 자연스럽게 디지털 역량을 발휘하고 함양할 수 있도록 설계되어야 한다. 학교에서의 디지털

교육은 청소년들이 성인이 되기 전까지 디지털 기기를 생산적으로 활용하는 습관을 익히기에 가장 좋은 기회이다. 청소년들에게 디지털 기기를 활용한 정보탐색–분석–생산 등에 대한 동기를 부여하고 건전한 신념을 형성시키는 것이 학교 디지털 교육의 중요한 과제이다.

---

13) 안정임 (2023). 디지털 네이티브 집단 내의 디지털 격차. 한국소통학보, 22(2), 37–68.
14) OECD(2021). 21st-Century Readers: Developing Literacy Skills in a Digital World. PISA. OECD Publishing. Paris. https://doi.org/10.1787/a83d84cb–en.
15) 김문조(2020). AI 시대의 디지털격차. 지역사회학, 21(1), 59–88.

3. 교사상 실현을 위한 몇 가지 제안

지금까지 2025년 이후 강조될 교사상으로 교육의 본질을 설계하는 교사 (Essential), 바람직한 디지털 시민을 양성하는 교사(Desirable), 디지털격 차를 최소화하는 교사(Universal)에 대해 살펴봤다. 〈디지털 교육 트렌드 리포트 2024〉에서 교사상으로 제시했던 '디지털 팀원이자 통합자로서의 교사', '학습환경 설계자로서의 교사', '다차원 협력자로서의 교사', '유비 쿼터스 학습자로서 교사'가 새로움을 만들어 가는 교사의 정체성이라면, 2025년에 제시한 교사상은 상대적으로 건강함과 온전함을 만들어 가는 교사 정체성이라고 할 수 있다. 두 정체성의 경중을 논하기는 어렵다. 다 만 사회적 흐름과 정책적 변화에 따라 더 큰 관심이 모이는 정체성이 존 재할 수 있다. 아직까지는 새로움을 만들어 가는 교사 정체성에 대한 지 원과 정책이 외견상 많아 보인다[16]. 디지털 교육을 위한 교사 교육 방향 은 두 갈래로 보이는 교사 정체성이 유기적으로 융합되어야 한다. 이를 실현하기 위한 방법으로 두 가지를 제언하고자 한다.

연구자이자 실천가로서 디지털 교육 설계 · 실행

디지털 교육은 디지털 학습 환경을 기반으로 이뤄진다. 학생들은 디지털 기기에 접속하고, 각종 플랫폼과 소프트웨어를 사용한다. 디지털 교육 상황에서 학생들이 디지털 텍스트를 읽고, 분석하고 선택해야 한다면 학습 수준 혹은 문해력에 따라 격차가 발생할 수 있다. 또한 학생들이 영상 혹은 이미지와 같은 특정 콘텐츠로만 학습을 하거나 학습과 무관한 콘텐츠에 접속할 수도 있다. 디지털 교육을 실시하는 교사는 학생들이 어떠한 학습 양상, 디지털 도구 이용 양상을 보이는지를 관찰·분석해야 한다. 디지털 기기에 설치된 수업 관리 소프트웨어를 통해 학생들의 도구 이용 상황을 주기적으로 관찰하고, 학습이나 도구 이용에 어려움이 있는 학생들을 지원할 수 있다. 디지털 교육은 학생들의 활동 기록이 데이터화 되기 때문에 학생들의 학습 및 생활지도뿐만 아니라 교사의 수업 개선에도 긍정적일 수 있다.

흔히 디지털 학습 환경은 학생 중심 혹은 학생 참여를 촉진하기 위해 구축 및 활용된다고 말한다. 그렇다면 실제 학생들이 학생–디지털, 학생–학생, 학생–교사 등과 어떤 상호작용을 통해 지식을 구성하는지, 어떤 상호작용이 본질적인 배움을 유도하는지 분석해 볼 필요가 있다. 상호작용에 대한 디지털 학습 환경의 촉진 요인과 방해 요인은 무엇인지 살펴볼 필요가 있다. 그리고 인지적·정서적·행동적 참여가 의미 있게 나타남으로써 학생에게 깊이 있는 학습을 유도하는지 살펴봐야 한다.

디지털 교육을 실시하는 교사는 일종의 연구자이자 실천가이다. 학생들의 학습 활동을 미시적으로 관찰하고, 자료를 수집하고, 교육적인 대안을 창출하는 행위는 실천가인 교사 본연의 역할이면서 동시에 현장 연

---

16) 2025.1.6.기준. 온라인에 공개된 일부 시·도교육청 주요업무를 살펴본 결과 디지털 리터러시·시민성 관련 주요 사업은 자료 보급, 교원 연수, 학생 프로그램 운영 등이었고, 디지털 도구 활용·환경 구축 관련 정책 대비 작은 규모였다(지역별 차이가 있음).

구적 행위이다. 디지털 교육이 더욱 내실 있게 추진되기 위해서는 디지털 학습 환경 – 학습·이용 양상 – 교육과정 간 관계에 대한 지식 축적이 필요하다. 2024년에 제언한 교사의 TPACK(테크놀로지 내용 지식)은 이러한 지식 축적을 통해 형성될 것이다. 이는 '구호가 아닌 실체로의 전환'의 첫걸음이자 가장 확실한 지름길이다. 2025년 이후의 디지털 교육은 연구자이자 실천가로서의 교사와, 이들의 학교가 그 실체를 만들어갈 것이다.

학교 수준 교육과정의 창의적이고 협력적인 설계

아무리 좋은 정책이라도 학교 수준의 교육과정에 융합되지 못하면 결실을 맺기 어렵다. 학교는 디지털 교육을 특정 교과에서 학기 단위 교육과정으로 운영할 수도 있지만 디지털 격차 예방과 시민성 함양을 위해서 학기 초, 별도의 시수를 확보해 교육을 실시할 수 있다. 일례로 창덕여중의 자유학기제를 활용한 기초와 적응 프로그램이 대표적이다[17]. 기초와 적응 프로그램에서는 학교의 공통 플랫폼, 수업 중 자주 사용하는 디지털 도구 활용법을 안내할 뿐만 아니라 각종 윤리적 이슈 등을 참여형 수업으로 다룬다. 2025년부터 2022 개정 교육과정이 본격적으로 도입됨에 따라 학교 자율시간이나 창의적 체험활동 등과 연계하여 학년별 디지털 기초 소양 교육 혹은 시민성 교육을 진행할 수 있다.

디지털 교육이 본래 취지에 맞게 이뤄지기 위해서는 교육과정의 창의적인 설계 못지않게 교과 간 혹은 교사 간 협력적 수업 설계가 뒷받침되어야 한다. 과거에 비해 학교가 마주한 문제가 복잡하고, 교육적으로 해결해야 할 과제가 복합적인 요인으로 얽혀 있기 때문이다. 학생들은 학교 교육을 받기 전, 이미 디지털 환경에 대한 인식과 이용 습관을 형성한다. 따라서 학생들에게 디지털 교육에 대한 동기를 부여하고, 자연스럽게 기초 소양과 윤리를 체득하도록 하기 위해서는 학생들의 실생활 문제로부터 교육을 시작할 필요가 있다. 이때 가장 효과적인 방법은 여러 교과·교사 간 협력을 통한 문제 개발·수업 설계·실행·성찰, 즉 협력적 수업 설계이다[18]. 같은 교과와 같은 학년 교사 간 협력도 여기에 포함된다. 협력적 학교 문화를 만드는 것이 녹록치 않지만, 결국 새롭지만 온전한 교육을 위해서는 교사 간 협력이 가장 중요하다. 2025년 이후에도 여전히 협력이란 키워드는 디지털 교육의 핵심적 가치일 것이다.

17) 창덕여중공동체(2020). 대한민국 1호 미래학교. 푸른칠판.
18) 이은상(2022). 협력적 수업 설계 가이드. 푸른칠판.

Part **3**

DIGITAL EDUCATION
TREND REPORT 2025

해외 에듀테크 동향과
한국 디지털 교육 시사점

: 세계 속 우리 교육의 오늘과 내일

BettShow 2025 현직자 리뷰

교사의 자율성과 이를 위한 지원 체제를 중심으로

이주성 (성신초등학교 교사)

1. BettShow 2025 스케치

교육부는 17개 시도 교육청, 한국교육학술정보원과 함께 디지털 대전환 시대를 맞아 미래 교육 환경에 대비하고 교원의 디지털 역량을 강화하기 위한 다양한 정책을 추진하고 있다. 특히 에듀테크의 급격한 발전과 학습 환경의 변화에 대응하기 위해 디지털 혁신 역량 강화 선도교사 연수 등 교원의 전문성 강화를 위한 프로그램을 운영하고 있으며 본 교사가 참여한 '2024년 디지털 기반 교육혁신 우수 선도교원 글로벌 연수'는 이러한 목표를 바탕으로 운영되었다. 선발 과정은 '교실혁명 선도교사' 과정을 성실히 이수한 교사들을 대상으로 이루어졌으며 디지털 교육 혁신 실천 사례와 교육 철학을 바탕으로 심사를 거쳐 시도 교육청별 2~3명씩 총 40명의 교사가 최종 선발되었다. 선발된 교사들은 영국에서 진행되는 세계 최대 교육기술 박람회인 BettShow 2025에 참여하고, 옥스퍼드 대학교 및 주요 교육기관을 방문하여 선진 교육 기술 및 정책을 직접 경험하며, 글로벌 교육 혁신 동향을 탐색할 수 있었다.

　연수 일정의 시작은 옥스퍼드 대학교에서 시작되었다. 옥스퍼드 대학 교수의 강의를 듣고 AI 시대의 읽기 교육의 중요성과 인문학적 소양의 역할에 대해 논의하였고 옥스퍼드 대학 출판부(Oxford University Press)를 방문하여 독서 교육의 중요성과 디지털 교재의 발전 방향을 탐색하였다. 이를 통해 디지털 교육과 전통적인 교육 방식의 조화를 이루는 방법에 대해 고민하는 기회를 가질 수 있었다. 이후 세계 최대 규모의 에듀테크 박람회인 BettShow를 방문하였다. 이곳에서는 마이크로소프트, 메타, 구글 등 에듀테크를 선도하는 글로벌 기업들의 부스를 방문하여 AI, VR, 디지털 교육 도구와 관련된 혁신 사례를 조사하였다. 연수 후반부에는 영국의 명문 사립 초등학교인 데인즈힐 초등학교(Danes Hill School)을 방문하여 자율성과 독립성을 바탕으로 행복 중심의 교육을 하는 영국 초등학교의 모습을 살펴보았고 국내 교육에 적용할 수 있는 시사점을 파악하였다. 또한 영국 초등학교 교사와의 세미나를 통해 영국 초등학교의 특징, 학교 수업의 질을 관리하기 위한 제도인 오프스테드(Ofsted) 제도에 대한 설명과 학생 평가 및 관리 프로그램인 센드(SEND, Special Educational Needs and Disabilities) 프로그램에 대한 설명을 들었다. 이를 통해 우리나라와 영국 교육을 비교 분석하여 향후 우리나라에 도입되면 좋을 교육적인 시사점을 도출하였다. 연수를 마무리하며 연수 참가 선생님들과 연수에서 얻은 인사이트를 공유하고 정리하는 시간을 가졌으며, 향후 연구 및 실천 방안을 논의하였다. 연수 경험을 바탕으로 앞으로의 교육 혁신 방향을 구체화하고 이를 실천하는 데 최선을 다할 계획이다.

2. BettShow 2025, 주요 감상 3가지

마이크로소프트

MS의 러닝 액셀러레이터(Learning Accelerators)는 AI를 활용해 학생들의 발화를 분석하고, 맞춤형 피드백을 제공하여 학습 효율성을 높이는 기술을 선보이고 있었다. AI가 자동으로 읽기 지문을 생성하고 발음, 속도, 맞춤법을 분석해 주어 교사의 업무 부담을 줄이고 학생 개개인의 학습을 더욱 정밀하게 모니터링할 수 있도록 설계되어 인상적이었다. 특히 이 기술은 영어뿐만 아니라 한국어, 일본어, 중국어 등 다양한 언어를 인식하기 때문에 외국어 회화 연습뿐만 아니라 국어 읽기 능력과 발표 연습에도 유용하게 사용할 수 있었다. 마인크래프트 에듀케이션 에디션을 활용한 코딩 수업도 흥미로웠다. 학생들이 친숙한 게임 환경에서 코딩 개념을 학습하고, 이를 통해 논리적 사고력과 문제 해결 능력을 기를 수 있도록 설계된 점이 인상적이었다. 코딩뿐만 아니라 역사, 과학, 예술 과목에서도 게임을 활용한 프로젝트 기반 학습이 가능하도록 다양한 확장팩과 교육 모듈이 제공되고 있었다. 교사들은 이를 활용하여 학생들이 보다 흥미롭게 학습할 수 있도록 하는 다양한 교육 방안을 연구할 수 있을 것이다.

메타

메타 포 에듀케이션(Meta for Education) 부스에서는 AI와 VR을 결합한 몰입형 학습 경험이 돋보였다. 바디스왑스(Bodyswaps) 앱에서는 VR로 구현된 다양한 훈련 상황에서 AI 캐릭터와의 상호 작용을 통해 소프트 스킬을 배울 수 있도록 하고 있었다. 마치 실제 사람처럼 반응하는 AI 캐릭터 덕분에 언제든지 모의 훈련이 가능하다는 점이 인상적이었다. 인게이지(Engage) 앱은 학생이 가상공간에서 AI로 구현된 역사적인 인물을 만나 대화를 나눌 수 있게 하고 있었다. 특히 역사적인 인물들이 살았던 시대의 배경 장소까지 구현해 놓아 마치 타임머신을 타고 과거로 돌아간 것 같은 흥미로운 경험을 할 수 있었다. 이머스(Immerse) 앱을 활용한 언어 학습 프로그램은 학생들이 가상의 호텔, 식당, 공항에서 실제 회화 연습을 할 수 있도록 설계되어 있어 매우 실용적이었다. 가상공간에서 아바타로 접속한 영어 선생님에게 회화 수업을 받을 수 있을 뿐만 아니라 AI 교사에게도 수업을 받을 수 있었다. 빅토리 XR(Victory XR) 앱은 화학, 생물, 물리 등 다양한 과학 실험을 가상공간에서 시뮬레이션으로 실습하여 학생들이 안전하게 다양한 실험을 수행할 수 있도록 도와주었다. 이를 통해 VR이 다양한 분야에서 유용한 학습 도구로 활용될 수 있는 가능성을 확인할 수 있었다. 과학과 같은 실험 기반 과목에서 VR을 활용하면 학생들이 물리적인 실험 기구를 직접 다루지 않아도 실제 실험의 결과를 몰입감 있게 확인할 수 있으며 실험에 따른 준비물과 재료를 절약할 수 있어 비용적 이점도 있기 때문이다.

구글

구글 포 에듀케이션(Google for Education) 부스에서는 제미나이 AI(Gemini AI) 기반의 AI 교사 에이전트를 교사가 직접 제작하여 수업에 활용하는 수업 설계가 눈길을 끌고 있었다. AI가 보조 교사의 역할을 하며 학생들의 질문에 실시간으로 답변하고 학습을 지원하는 방식이었다. 특히 AI 에이전트 교사는 일반적인 대답을 하는 상용 AI와는 달리, 교사가 직접 제작한 맞춤형 AI이기 때문에 특정 과목과 지식을 중점적으로 대답해 주어 과목별, 수준별로 더욱 효율적인 학습 지원이 가능했다. 이를 통해 교사는 더욱 창의적으로 수업을 설계할 수 있으며 학생들은 개인 맞춤형 학습 경험을 제공받을 수 있다. 또한 AI가 학습 언어를 모국어로 사용하지 않는 학생들에게 자동으로 번역 자막 지원을 해 주어 다문화 시대에 언어 장벽을 극복할 수 있도록 도와주는 기능이 인상적이었다. 이밖에도 크롬북과 교육용 구글 워크스페이스 플러스(Google Workspace for Education Plus)의 새로운 기능인 클래스(Class) 도구를 통해 교사가 수업 내용을 학생 화면에 원활하게 공유하고 실시간으로 소통하며 그룹에 맞춤형 지원을 제공할 수 있다는 점을 배웠으며, 이 도구를 활용해 학생들 또한 수업과 과제에 더욱 집중할 수 있도록 하는 기능도 배웠다. 구글 비즈(Google Vids)를 통한 창의적인 과제 제작도 흥미로웠다. 구글 비즈는 쉽고 직관적으로 비디오를 제작하고 협업할 수 있는 도구인데, 학생들이 프로젝트 기반 학습의 일환으로 자신의 주제를 비디오로 표현하고, 이를 구글 클래스룸에 공유하여 친구들과 피드백을 주고받을 수 있다. 아직은 한국어 지원이 되고 있지 않지만 향후에는 구글의 노트북 LM(Notebook LM) 기능으로 교과서 등의 자료를 업로드하고 AI를 통해 요약, 질문 생성, 토론 주제 제안 등을 수업에 활용할 수 있을 것이라 기대하고 있다. 이렇게 구글 부스에서는 AI가 교육과 결합되어 교사와 학생 모두 효율적인 학습 환경을 구축하는 데 중요한 역할을 할 것임을 실감할 수 있었다.

3. [인사이트 ①] 한국 초등 교육에의 시사점

이번 BettShow 참관 및 영국의 교육기관 방문을 통해, 외국 교육에서 에듀테크를 활용하는 방식과 접근법을 우리나라와 비교할 수 있는 기회를 가질 수 있었다. 외국에서는 교사의 수업 자율성과 독립성이 보장되어 교사가 직접 교재뿐만 아니라 에듀테크 도구를 선택하고 이를 수업에 활용할 수 있는 것이 인상적이었다. 예를 들어 영국의 한 초등학교 1학년 교실에서는 교과서 대신 〈라이언 킹〉 소설책을 수업 교재를 활용하여 학생 참여형 학습으로 재구성하였으며, 교사는 자신의 수업 활동에 필요한 에듀테크를 직접 선택하여 활용하고 있었다. 이는 교사가 개별적으로 적절한 수업 자료를 선택하여 사용할 수 있는 자유로운 환경이 조성되어 있음을 보여 준다. 반면 우리나라의 경우 보통 학교 전체적으로 에듀테크를 선정하거나 최소한 학년 단위에서 사용할 에듀테크를 통일해서 사용해야 하는 제한점이 있다. 이러한 상황 때문에 교사가 정작 자신에게 필요한 에듀테크 도구는 사용하지 못하는 경우가 있다. 우리나라도 외국처럼 개별 선생님의 수업 자율성을 지원하고 교사별로 필요한 에듀테크를 편리하게 지원할 수 있는 제도적 · 행정적 시스템이 필요하다.

또한 영국의 교육기관과 영국 현지 교사의 만남에서는 교사가 수업활동을 할 때 수업에 집중할 수 있도록 도와주는 체계가 잘 마련되어 있다는 사실을 확인할 수 있었다. 학교 현장에 충분한 보조교사와 IT 담당자가 배치되어 있기 때문에 교사는 수업에 에듀테크를 활용할 때 기기 관리나 행정적 처리에 대한 부담을 크게 느끼지 않는다고 한다. 반면 우리나라에서는 교사가 에듀테크를 도입하려면 기기 구매와 예산 집행, 행정 절차 등을 직접 수행해야 하고, 기자재 관리와 계정 작업 등 수업 외적인 업무까지 맡아야 하므로 AI나 VR 등 새로운 기술을 수업에 새롭게 구입하기가 쉽지 않다. 따라서 학교 현장의 디지털 전환을 위해서는 단순히 예산 및 기자재 배부, 기기 사용법 연수만 할 것이 아니라 교육청 차원에서 에듀테크 도입과 관리의 행정 절차를 간소화하고 보조 인력이 충분히 지원되는 환경을 지원해야 할 것이다.

AI를 적용한 에듀테크의 발전 또한 중요한 시사점을 제공하고 있었다. 올해 BettShow에서는 학교 현장에서 AI를 단순한 도구로 사용하는 것에서 벗어나 AI와 사람이 함께 수업을 기획하고 수업에 필요한 자원을 만드는 방식으로 발전하고 있었다. 예를 들어 마이크로소프트의 코파일럿(Copilot)은 교사가 수업 목표를 설정하면 AI가 자동으로 맞춤형 학습 자료를 생성하는 기능을 제공하고 있었는데, 팀즈 러닝 액셀러레이터(Teams Learning Accelerator)는 이를 활용하여 과제 지문을 생성하고 협업 글쓰기를 지원하는 기능을 제공하였다. 메타의 인게이지(Engage) 앱에서도 AI 캐릭터를 교사가 직접 설계하여 학생과의 맞춤형 대화를 할 수 있도록 지원하고 있었다. 이러한 AI의 발전은 AI가 수업의 특정한 부분에만 사용되는 단순한 도구가 아니라 교사와 협업하여 수업 전반적인 부분을 함께하는 방향으로 나아가고 있음을 보여 준다. 따라서 향후 학교 현장에서의 AI는 하나의 소프트웨어가 아니라 하나의 동료 교사로서의 역할을 수행하리라 생각한다.

4. [인사이트 ②] 초등 현장 적용 아이디어

이번 연수를 통해 얻은 경험과 인사이트를 바탕으로 우리나라 교육 환경에서 효과적으로 적용할 수 있는 방안을 다음과 같이 생각하였다. 먼저 AI 기반 맞춤형 학습 도구를 활용하여 개별 학생의 학습 수준을 정밀하게 분석하고 이를 바탕으로 개인화된 학습 지원을 제공하는 시스템을 수업에 도입해 볼 계획이다. 마이크로소프트 러닝 액셀러레이터(Learning Accelerators)의 AI 기반 맞춤형 학습 도구를 적극 활용해 보고자 한다.

첫째, 리딩 코치(Reading Coach) 기능을 통해 학생들이 개인 맞춤형 읽기 연습을 할 수 있도록 지원할 계획이다. 이를 통해 학생들은 발음, 음절, 읽기 속도 등을 향상시킬 수 있으며, 교사는 개별 학생의 읽기 수준을 분석하고 맞춤형 지도를 제공할 수 있다. 둘째, 리플렉트(Reflect) 도구를 활용하여 학생들이 자신의 감정을 표현하고 정서적 어휘를 확장할 수 있는 기회를 제공하려 한다. 학생들은 안전한 온라인 공간에서 감정을 공유하며, 교사는 이를 바탕으로 정서적 지원과 상담을 보다 효과적으로 진행할 수 있을 것이다. 셋째, 스피커 코치(Speaker Coach) 기능을 활용하여 학생들이 파워포인트를 통해 발표 연습을 하고 실시간 피드백을 받을 수 있도록 지원할 계획이다. 이를 통해 학생들은 자신감을 키우고 효과적인 의사소통 능력을 함양할 수 있을 것이라 본다. 이러한 AI 기반 학습 도구를 수업에 적용함으로써 학생 개개인의 학습 능력을 보다 정밀하게 분석하고 맞춤형 교육을 제공하고자 한다.

또 구글의 제미나이 AI(Gemini AI)를 활용하여 학생과 음성과 영상으로 상호작용하는 교사 에이전트를 만들어 사람처럼 자연스럽게 학습을 도와주는 AI 교사를 도입할 예정이다. 올해 6월에 새롭게 제공되는 크롬북 수업 관리 도구인 클래스(Class) 도구를 통해 크롬북을 사용하는 학생들의 학습 참여도를 높이고, 개인별 피드백을 즉각적으로 제공할 계획이다. 클래스 도구가 크롬북과 교육용 구글 워크스페이스 플러스(Google Workspace for Education Plus)와 결합하면 교사와 학생의 크롬북 화면에 콘텐츠를 공유하고 고정할 수 있어 1인 1디바이스 수업의 집중도를 크게 향상시킬 것이라 기대한다. 이 앱의 실시간 자막 및 번역 기능을 활용하여 다문화 학생들도 수업을 원활하게 이해할 수 있도록 지원할 예정이다. 또한 구글 비즈(Google Vids)를 활용하여 자신의 아이디어를 영상으로 창의적으로 표현하는 프로젝트 기반 학습을 실시하며, 노트북 LM(Notebook LM) 기능을 활용하여 다양한 형식의 수업 자료를 제공할 것이다. 제미나이(Gemini) 앱을 통한 개인 맞춤형 학습을 지원하고 구글 슬라이드(Google Slides)의 새로운 템플릿을 활용한 체계적인 발표 자료 제작을 통해 학생들의 학습 경험을 더욱 풍부하게 만들어 볼 예정이다. 그리고 AI를 하나의 프로그램으로써 사용하는 것에서 나아가 AI를 나와 함께 수업을 하는 보조교사로 활용하여 수업의 설계부터 활동, 평가까지 수업 전반에 AI를 활용해 볼 예정이다.

　마지막으로 VR을 활용한 몰입형 교육을 더욱 확대할 예정이다. 특히 메타의 인게이지(Engage)와 빅토리 XR(Victory XR) 앱처럼 VR 기반 역사 및 과학 교육 모델을 적용하여 학생들이 실제 체험을 통해 학습할 수 있는 환경을 조성할 계획이다. 예를 들어 역사 교육에서는 학생들이 과거 시대의 중요한 사건 속으로 직접 들어가 체험할 수 있는 VR 콘텐츠를 활용하고, 과학 수업에서는 실험실 환경을 재현하여 안전하고 효과적인 실습이 가능하도록 구성할 예정이다. 특히 본 교사는 직접 VR 콘텐츠를 제작하여 수업에 활용하는 방안을 적극적으로 연구하고 있으며, 학생들이 보다 몰입감 있는 학습 경험을 할 수 있도록 다양한 과목의 VR 자료를 개발하고자 한다. 예를 들어 역사 과목에서는 특정 시대의 문화와 사회적 배경을 3D 모델링하여 학생들이 가상 공간에서 자유롭게 탐색할 수 있도록 제작할 것이며, 과학 수업에서는 가상 실험실을 설계하여 실험 과정을 안전하게 반복하여 실시하도록 할 계획이다. 이를 위해 학교 내 VR 활용 교사 연수를 강화하고 VR 기기 및 교육용 소프트웨어 보급 방안을 추진하며, 이를 효과적으로 운영할 수 있는 학습 커리큘럼을 개발할 것이다. 또한 학생들이 VR을 활용한 학습을 보다 친숙하게 받아들일 수 있도록 VR을 적용한 프로젝트 기반 학습을 도입하고, 학생들이 직접 VR 콘텐츠를 제작하고 공유하는 활동도 포함할 예정이다.

이번 교육부의 글로벌 연수는 다양한 에듀테크 체험과 해외 교육 현장 탐방을 통해 우리나라 교육 시스템이 나아가야 할 방향과 현장에서의 실천 방법에 대해 깊이 있게 고민할 수 있는 소중한 기회였다. 그리고 앞으로 AI 기반 도구를 적극적으로 활용하여 학생 맞춤형 학습을 지원하고, VR을 통한 몰입형 교육을 확산하는 것이 미래 교육 혁신의 중요한 과제가 될 것임을 확신하게 되었던 경험이었다. 또 교사의 자율성을 보장하고 개별 수업 환경에 맞는 에듀테크 활용을 장려하는 제도적 개선도 함께 필요함을 느끼게 되었다. 연수에서 얻은 인사이트를 바탕으로 교육 현장에 보다 혁신적인 학습 경험을 제공할 수 있도록 꾸준히 연구를 지속해 나갈 계획이다.

면밀한 관찰,
즉각적 피드백의
새로운 가능성

김재현 (신목중학교 교사)

1. BettShow 2025 스케치

서울특별시교육청 글로벌 연수 프로그램에 참여하여 세계 최대 에듀테크 박람회인 런던 BettShow 2025를 방문하게 된 것은 중학교 수학 교사로서 디지털 교육과 AI에 대한 깊은 관심을 가지고 있던 나에게 의미가 컸다.

수학을 어려워하고 포기하는 학생들이 유독 많은 수학 교과의 교사로서 BettShow를 통해 다음 세 가지 질문에 대한 해답을 찾고 싶었다.

첫째, 글로벌 에듀테크 기업들은 어떠한 방식으로 학생들의 참여를 유도하는가? 수학 수업에서 학생들은 다양한 이유로 참여하지 않는다. 선행 학습으로 인해 수업이 지루하거나, 수학 자체가 너무 어려워 참여를 포기하는 경우도 있다. 이러한 문제 해결에 에듀테크가 어떤 도움을 줄 수 있을지 궁금했다.

둘째, 교사는 에듀테크를 활용하여 학생들의 학습 활동을 얼마나 면밀하게 관찰하고 피드백할 수 있는가? 수업 중 도움이 필요한 학생들을 실시간으로 파악하고 적절한 피드백을 제공하는 것은 매우 중요하다. 에듀테크를 통해 이러한 개별 맞춤형 지도가 가능할지 알고 싶었다.

셋째, 최신의 AI 기술의 발전은 대한민국 교육 현장에 어떻게 활용될 수 있는가? AI는 빠른 속도로 발전하고 있으며 특히 멀티모달 AI는 다양한 학습 데이터를 분석할 수 있다. BettShow에서 AI 기술의 최신 동향을 확인하고 한국 교육에 적용할 방안을 모색하고자 했다.

어쩌면 이 세 가지 질문은 '수포자(수학을 포기한 자들)' 문제 해결을 넘어, 내가 꿈꾸는 이상적인 수학 수업의 모습에 대한 해답을 찾는 여정이었을지도 모른다. 학생들의 참여를 이끌어 내고, 개별 맞춤형 지도를 제공하며, AI 기술을 활용하여 더욱 효과적인 교육 환경을 만드는 꿈. 그 꿈을 향해 나아가는 첫걸음을 BettShow 2025 방문으로 뗄 수 있을 것 같았다.

AI 교육, 디지털 교육의 효과와 가능성에 주목하는 수학 교사의 시각으로 BettShow를 방문한 후기를 이 글에 담았다. 앞서 소개한 세 가지 질문을 염두에 두고 글을 읽는다면 더욱 깊이 있는 공감을 얻으실 수 있을 것이라 생각한다.

2. BettShow 2025, 주요 감상 3가지

이번 BettShow 참관의 목적은 학생의 참여와 성장을 관찰하고 AI 기반의 맞춤 피드백을 제공할 수 있는 AI 기술 및 에듀테크를 찾는 것이었다. 이러한 목적에 부합하는 다양한 기능을 갖춘 최신의 에듀테크가 눈길을 끌어 이를 소개한다.

카훗

가장 먼저 눈길을 사로잡은 곳은 카훗(Kahoot) 부스의 카후토피아(Kahootopia)였다. 기존의 카훗이 단순히 퀴즈를 풀고 순위를 매기는 일회성 플랫폼이었다면 카후토피아는 이러한 한계를 창의적으로 극복한 새로운 시도를 보여 주었다. 카후토피아의 가장 큰 특징은 학생들이 그들만의 섬을 만들고 퀴즈를 풀 때마다 미션에 맞춰 건물을 업그레이드할 수 있다는 점이었다. 이를 통해 학생들은 경쟁을 넘어 반별로 섬을 꾸미며 협력하고 소통하는 능력을 자연스럽게 키울 수 있었다. 특히 각 반의 학습 스타일과 선호하는 콘텐츠에 따라 독특한 섬이 만들어지는 것을 보면서, 학생들의 성향을 시각적으로 파악할 수 있다는 점이 매력적으로 느껴졌다. 부스에서는 다양한 게임 모드도 체험할 수 있었는데, 개인 경쟁뿐만 아니라 팀별 경쟁, 반 전체 협업 등 학습 목적에 따라 다양한 방식으로 퀴즈를 진행할 수 있었다. 특히 눈에 띄었던 점은 퀴즈가 끝난 후 상위 1~3등만이 아닌 모든 참여자의 캐릭터가 마지막 화면에 등장한다는 것이었다. 이는 카훗이 단순 경쟁 위주의 플랫폼에서 벗어나 모두가 함께하는 포용적인 학습을 지향한다는 것을 보여 주는 좋은 예였다. 한편 게임이 끝나고 쌓인 학습 데이터는 다시 개별 맞춤형 퀴즈로 제공된다. 카훗은 이제 일회성 게임이 아닌 지속적인 성장과 발전을 이끌어 내는 플랫폼으로 진화하고 있었다. 카후토피아는 경쟁에서 협력으로, 일회성에서 연속성으로 퀴즈 에듀테크의 새로운 방향을 제시하고 있다는 점에서 깊은 인상을 남겼다.

굿노트

굿노트(GoodNotes)가 새롭게 선보인 굿노트 클래스룸(GoodNotes Classroom)에 특히 관심이 갔다. 이미 뛰어난 디지털 필기 앱으로 정평이 나 있던 굿노트는 이번 교육용 플랫폼 굿노트 클래스룸 출시를 통해 교육 시장에 본격적으로 진출하는 모습을 보여 주었다. 디지털 필기의 가장 큰 강점은 학생들의 모든 학습 과정이 디지털 환경에 자연스럽게 기록된다는 점이다. 굿노트는 여기서 한 걸음 더 나아가 AI 기술을 접목하여 실시간으로 학생들의 학습 과정을 분석하고 관찰할 수 있는 혁신적인 기능을 도입했다. AI가 학생들의 노트를 내용 단위별로 인식하여 실시간 모니터링 기능을 제공하므로 교사는 수업 중에도 즉각적으로 학생들의 이해도를 파악하고 필요한 도움을 제공할 수 있게 되었다. 특히 주목할 만한 점은 교사가 실시간으로 학생들의 필기에 직접 피드백을 남길 수 있다는 것이다. 한 명의 교사가 여러 학생을 동시에 지도해야 하는 교실 환경에서, 모든 학생의 학습 상황을 꼼꼼히 관찰하고 개별 맞춤형 피드백을 제공하는 것은 결코 쉬운 일이 아니었다. 하지만 굿노트 클래스룸은 AI와 에듀테크의 결합으로 이러한 어려움을 효과적으로 해결했다. 학습에 어려움을 겪는 학생들을 조기에 발견하고 적절한 지원을 제공하는 것은 매우 중요한데 이러한 교육 현장의 요구에 부응한 굿노트 클래스룸은 학생 개개인의 학습 과정을 면밀히 관찰하고 맞춤형 지원을 가능하게 하는 강력한 도구가 될 것으로 기대된다.

구글

구글 부스에도 특별한 관심이 갔다. 구글은 교육 분야에 대한 지속적인 관심과 투자를 통해 협업에 최적화된 다양한 도구들을 개발해 왔다. 이번에는 이러한 협업 도구에 제미나이(Gemini)라는 강력한 생성형 AI를 통합하여 더욱 혁신적인 교육 환경을 제시했다. 챗GPT로 시작된 생성형 AI 시대의 최신 트렌드 중 하나는 바로 멀티모달이다. 이는 텍스트뿐만 아니라 음성, 영상, 그림 등 다양한 형태의 데이터를 자유롭게 입력하고 출력할 수 있다는 것을 의미한다. 구글은 이러한 멀티모달 기능을 제미나이에 거의 완벽하게 구현하여 교육 현장에서 더욱 풍부하고 창의적인 활동이 가능하도록 지원하고 있었다. 구글 VIP 세션에서는 다양한 구글 도구들이 연동된 AI 활용 기후 환경 프로젝트를 참여형 활동으로 진행하고 있었다. 참가자들은 비행기 모양으로 꾸며진 특별한 공간에서 마치 방탈출 게임을 하듯 미션지를 받아 문제를 해결해 나갔다. 구글 협업 도구와 제미나이를 연동하여 AI 동영상 생성, AI 기반 데이터 분석 및 해석 등을 통해 기후 변화와 관련된 다양한 문제를 해결하는 과정은 매우 흥미로웠다. 이러한 활동을 통해 학생들이 스스로 문제를 해결하고 창의적인 결과물을 만들어 낼 수 있다면, 더욱 즐겁고 의미 있는 수업이 될 것이라는 생각이 들었다.

그리고 구글 부스에서는 노트북 LM(Notebook LM)이라는 새로운 형태의 AI 기반 노트 테이킹 도구도 소개되고 있었다. 사용자는 음성, PDF, 영상 등 다양한 참고 자료를 업로드할 수 있으며, AI는 업로드된 자료의 내용을 기반으로 사용자와 직접 대화하며 자료를 탐색하고 노트를 생성해 주었다. 뿐만 아니라 팟캐스트 형식으로 두 명의 진행자가 자료에 대해 이야기하고, 사용자는 이들의 대화에 참여할 수도 있었다. 기존의 GPT나 퍼플렉시티와 같은 생성형 AI는 뛰어난 결과물을 생성하고 원하는 자료를 빠르게 찾아 주는 장점이 있지만, 잘못 사용하면 활동의 주도권이 AI에게 넘어갈 수 있다는 단점도 존재한다. 또한 AI가 생성한 결과물이 사용자의 맥락과 동떨어져 공감대를 형성하기 어려울 수도 있다. 하지만 노트북 LM은 사용자가 직접 원하는 자료를 업로드하고, AI는 업로드된 자료를 기반으로 분석하고 재가공하기 때문에 사용자의 개성과 맥락이 반영된 결과물을 얻을 수 있다. 예를 들어 수학 문제를 GPT에 입력하여 풀이를 요청하면 교육과정을 벗어나는 풀이나 잘못된 풀이가 나올 수도 있다. 하지만 노트북 LM에 교과서 본문 파일을 업로드하고 문제에 대해 질문하면, 교육과정에 적합하고 성취 기준에 부합하는 답변을 얻을 수 있다. 이러한 방식으로 생성된 노트를 학생들과 공유한다면 노트북 LM은 교육과정 기반의 AI 튜터로서 학생들의 학습을 효과적으로 지원할 수 있다. 이제 AI는 단순히 명령을 수행하고 결과물을 생성하는 도구를 넘어, 사용자의 맥락과 요구에 맞춰 진화하고 있다. 구글 부스에서의 경험은 마치 영화 〈아이언맨〉에 등장하는 자비스와 같은 개인 맞춤형 AI 비서가 곧 현실이 될 것이라는 기대를 품게 했다.

3. [인사이트 ①] 한국 중등 교육에의 시사점

처음 던진 질문으로 돌아가 답을 정리해 보도록 하자.

- 글로벌 에듀테크 기업들은 어떠한 방식으로 학생들의 참여를 유도하는가?
- 교사는 에듀테크를 활용하여 학생들의 학습 활동을 얼마나 면밀하게 관찰하고 피드백할 수 있는가?
- 최신의 AI 기술의 발전은 대한민국 교육 현장에 어떻게 활용될 수 있는가?

BettShow를 다녀오고 난 뒤 위의 질문들에 어느 정도 해답을 찾을 수 있었다. 먼저 첫 번째 질문에 대해 생각해 보자. 현재 우리나라의 교육은 학생의 참여와 주도성을 강조한다. 하지만 입시라는 경쟁적인 체제 속에서 학생들의 학습은 개인화되고 협력은 기대하기 어렵다. 사교육을 통해 이미 필요한 지식을 습득한 학생들은 학교 수업에 흥미를 잃고 참여하지 않는 경우가 많다. 또한 학생들을 선발하기 위한 시험은 점점 더 어려워져 학생들이 학습 자체를 포기하게 만드는 경우도 발생한다.

처음 에듀테크를 접했던 때, 나는 퀴즈 플랫폼을 활용하면 학생들이 재미있어 하며 적극적으로 참여한다고 생각했다. 하지만 내가 사용했던 퀴즈는 결국 1등을 가리기 위한 경쟁적인 학습 도구였을 뿐이었다. 수학을 잘하는 몇몇 학생들만 적극적으로 참여하는 모습을 보면서 모든 학생이 수업에 열심히 참여하고 있다고 착각했다. 퀴즈를 맞히고 틀리며 순위가 바뀌는 시끌벅적한 분위기 속에서 수학이 어려워 소외되는 학생들은 눈에 들어오지 않았다. 즉, 당시의 수업은 반쪽짜리 참여에 불과했던 것이다.

그런데 카훗 부스에서 접한 카후토피아(Kahootopia)는 퀴즈로 공동의 목표를 향해 함께 나아갈 수 있다는 점에 큰 의미가 있었다. 협력과 소통이 가득한 퀴즈는 한국 중등 교육에 시사하는 바가 크다. 교실에는 다양한 학습 유형의 학생들이 존재한다. 학생들을 성취도와 참여도라는 두 가지 기준으로 분류해 볼 수 있다.

① 성취도와 참여도 모두 높은 학생
② 성취도는 높지만 참여도가 낮은 학생
③ 성취도가 낮지만 참여도는 높은 학생
④ 성취도와 참여도 모두 낮은 학생

①의 경우 이미 성실하며 성취도도 높은 학생이고 ④의 경우 대부분

기초학력인 경우가 많아서 제도적으로 지원을 받고 있다. 따라서 주목해야 하는 학생은 ②, ③의 학생들이다. ②의 학생은 성취도는 높지만 수업에 참여를 안하는 학생으로 보통 선행학습을 하여 학교에서의 학습이 지루하게 느껴지는 학생들이다. 또한 ③의 경우 의욕 있게 학습에 참여하지만 안타깝게도 학습이 어려운 학생이다. 만일 이 두 유형의 학생이 협력하는 상황이 만들어진다면 어떤 일이 벌어질까? 먼저 ②의 경우 성취도가 이미 높아 수업에 참여도가 낮았지만 협력의 상황이 되면서 개인성취가 집단의 평균 성취로 변화한다. 즉, 이 학생의 경우 집단의 성취도를 올리기 위해 협력 학습에 참여하게 될 것이다. 즉, 성취도가 낮은 친구들을 도와주게 될 것이다. 그렇다면 ③의 경우는 어떨까? 이 학생들은 의욕적이다. 하지만 학습이 어려워 개별적인 지원이 필요한 상황이다. 이때 ②의 학생이 ③을 개별적으로 도와줄 것이고, 적극적으로 학습을 하게 될 것이다. 교사는 이러한 환경이 만들어지도록 협력학습 상황을 촉진하기만 하면 된다. 카훗은 경쟁적인 퀴즈 학습 구조를 협력 학습구조로 전환하여, 학생들이 모두를 위해 협력하며 자신만의 섬을 만들어나갈 수 있도록 돕는다. 또한 한 명도 소외시키지 않고 모두의 기여도를 시각화하여 보여 줌으로써 교육적 효과를 더하고 있었다. 아무도 소외되지 않는 교육을 지향하는 카훗의 철학은 그 자체로 우리 교육에 의미 있는 시사점을 제시한다고 생각한다.

두 번째 질문, '교사는 에듀테크를 활용하여 학생들의 학습 활동을 얼마나 면밀하게 관찰하고 피드백할 수 있는가?'에 대해 생각해 보자. 학생들은 흔들리며 피어나는 꽃과 같아서, 교사는 이들이 흔들리는 순간에 든든한 지지대가 되어야 한다. 그러나 그동안의 수업에서 학생들이 학업적으로 흔들리는 순간을 파악하는 것은 쉽지 않았다. 교사는 하나의 수업에서 수많은 학생을 지도해야 하기 때문에 각 학생의 활동을 세심하게 관찰하는 데 한계가 있었다. 이로 인해 학생들의 성취도가 가시적으로 나타나는 지필고사 성적이 나온 후에야 비로소 학생들의 수준을 파악하게 되었다. 이러한 상황은 에듀테크의 도움으로 어느 정도 개선될 수 있다. 특히, 굿노트 클래스룸(Goodnote Classroom)의 교사 대시보드는 AI를 활용하여 학생들이 어떤 활동을 하는지를 실시간으로 포착하고 이를 교사와 공유함으로써 도움이 필요한 학생에게 즉각적인 피드백을 제공할 기회를 마련해 주고 있었다. 이는 학생이 질문하지 않더라도 굿노트가 위기에 처한 학생을 관찰해 주어 교사가 학생의 학습에 더욱 적극적으로 참여할 수 있도록 해 준다. 교사로 하여금 학생의 든든한 지지대가 되어 그들의 성장을 이끌고, 함께 성장의 순간을 경험할 수 있도록 해 주는 것이다. 한편 2022 개정 교육과정에서는 과정 중심 평가의 중요성을 강조하고 있는데 결과 중심의 평가는 학생의 학습 과정을 무시하는 반면, 과정 중심의 평가는 학생 개개인의 학습 과정을 존중하는 접근을 취한다. 굿노트의 최신 기술은 교사와 학생이 함께 그 과정을 걸어간다는 점에서 한국 교육과정에 중요한 의미를 부여한다. 이러한 변화는 교육 현장에서 학생 개개인의 학습을 더욱 깊이 이해하고 지원할 수 있는 기회를 제공하며 교사와 학생 간의 소통이 더욱 원활해지는 계기가 될 것이다.

세 번째 질문, '최신의 AI 기술의 발전은 대한민국 교육 현장에 어떻게 활용될 수 있는가?'에 대해 생각해 보자. 최신 AI 기술의 발전은 대한민국 교육 현장에서 다양한 방법으로 활용될 가능성을 보여 준다. 첫 번째로, 생성형 AI의 '에이전트화'가 중요한 역할을 할 수 있다. 예를 들어,

노트북(Notebook LM)은 사용자가 원하는 자료를 소스로 입력하면 그에 기반하여 적절한 답변을 제공하는 기능을 갖추고 있다. 공교육의 핵심은 교육과정에 따른 내용을 효과적으로 학습하는 것이며, 이 과정에서 교사는 교과서와 기타 자료를 AI 보조교사에 탑재하여 교수 설계를 도와줄 수 있다. 학생들은 AI 튜터의 지원을 통해 교육과정상의 학습을 원활하게 진행할 수 있다. 생성형 AI의 환각 현상과 같은 문제로 인해 학교 현장에서의 사용에 신중했던 점들이 있었지만 노트북 LM은 신뢰성 있는 도구로 자리 잡을 가능성이 있어 보인다. 두 번째로, '멀티모달'의 가능성이 교육 현장에서 큰 변화를 가져올 수 있다. 과거에는 생성형 AI가 주로 텍스트 형태의 데이터를 입력받아 출력을 제공하는 방식이었기 때문에 어학 관련 교과에서는 활발히 활용되었으나 수학 교과에서는 수식이나 그래프를 텍스트로 표현하기 어려워 실제 활용이 제한적이었다. 그러나 이제는 다양한 형태의 데이터를 입력받을 수 있는 멀티모달 기능이 도입되면서, 학생이 학습하는 화면을 동영상으로 입력하면 AI가 즉각적이고 의미 있는 피드백을 제공할 수 있게 되었다. 학생의 손글씨와 목소리를 통해 AI는 학생이 어떤 사고 과정을 거치는지를 관찰할 수 있으며, 그에 따라 실시간으로 적절한 피드백을 제공할 수 있는 것이다. 이제는 학생의 사고 과정을, 정제된 서술형 답안을 통해 유추해야 했던 번거로움이 사라지고, 학생이 사고하는 순간에 필요한 지원을 제공함으로써 실시간으로 성장할 수 있도록 돕는 도구가 마련된 것이다. 현재 구글의 AI 스튜디오에서는 사용자가 화면을 공유하며 AI와 대화하고, 기기의 화면을 분석하는 기능을 제공하고 있다. 비록 아직 초기 단계에 있지만, 이러한 기능이 더욱 고도화된다면 학생들이 진정으로 필요한 지원을 받으며 성장할 수 있는 환경이 조성될 것이다. 이는 교육 현장에서의 커다란 변화를 가져오는 계기가 될 것으로 기대된다. 최신 AI 기술의 발전은 대한민국 교육 현장에 깊은 영향을 미치며, 교사와 학생 간 상호작용을 강화하고, 맞춤형 학습 환경을 제공하는 데 중요한 역할을 할 것으로 보인다. 이러한 변화는 학생 개개인의 학습을 보다 효과적으로 지원하고, 교육의 질을 높이는 데 기여할 것이다.

4. [인사이트 ②] 중등 현장 적용 아이디어

이번 BettShow에서 교실 현장에 관한 인사이트와 실천 아이디어들을 떠올리게 되었다. 이를 바탕으로 다음과 같은 현장 적용 계획을 세워 보았다.

첫째로, 수학 교과 단원 학습 후 마무리 단계에서 카후토피아(Kahootopia)의 협력적 퀴즈를 활용하여 학생들의 학습 성취도를 높이고자 한다. 단원 마무리가 진행될 시점에는 학생들의 학습 이해도가 다양하게 분포되어 있을 것이다. 따라서 앞서 언급한 4가지의 학습 유형 중 서로 도움이 될 학생을 중심으로 모둠을 구성하고 모둠별 협력 퀴즈를 진행할 계획이다. 성공적인 협력 학습을 위해서는 학생 주도적인 학습 환경 조성이 필수적이다. 이를 위해 2차시로 구성된 학습 과정 중 첫 번째 차시에는 모둠별 또래 학습 시간을 부여하여 학생들이 서로 협력하며 학습 내용을 숙지하도록 유도할 것이다. 두 번째 차시에는 카훗을 활용한 협력적 퀴즈를 진행하여 학생들이 앞서 학습한 내용을 바탕으로 소통하고 협력하여 문제를 해결하는 경험을 제공할 것이다. 협력이 강조되는 퀴즈 활동을 통해 학생들은 함께 성장하는 즐거움을 느끼고, 교사는 퀴즈 종료 후 카훗 대시보드를 통해 전체 학생과 개별 학생에게 맞춤형 피드백을 제공할 수 있을 것이다.

둘째로, 에듀테크 도구를 활용하여 학생들의 성장 과정을 면밀히 관찰하고, 적절한 피드백을 제공할 것이다. 현재 학교에서 크롬북을 사용하고 있어 굿노트를 활용하기는 어렵지만 AI 디지털교과서의 실시간 모니터링 기능을 적극 활용할 계획이다. 학생들과 함께 학습 활동을 진행하면서 학습에 어려움을 겪는 학생들에게는 먼저 다가가 개별적인 피드백을 제공하고, 우수한 성과를 보이는 학생들에게는 긍정적인 보상을 제공하여 학습 동기를 고취할 것이다. 예를 들어, 앞서 언급한 카훗 활용 퀴즈 활동의 첫 번째 차시인 또래 학습 과정을 실시간으로 모니터링하면서, 또래 학습이 더욱 효과적으로 이루어질 수 있도록 지원하는 피드백을 제공할 수 있을 것이다. 또한 실시간 모니터링 기능을 통해 학생별 다양한 답변을 확인하고 이를 서로에게 공유하여 학생들이 자신의 생각을 자유롭게 표현하고, 서로의 의견을 조율하며 더 나은 사고로 나아가는 토론식 수업을 이끌어갈 것이다. 학생들은 자신의 생각을 논리적으로 표현하고 타인의 관점을 이해하며 논의하는 과정을 통해 더욱 깊이 있는 학습을 경험할 수 있을 것이다.

마지막으로 생성형 AI 활용 계획이다. 생성형 AI를 활용하여 교사의 업무 부담을 경감하고, IB 교육과정 적용을 위한 기반을 마련하고자 한다. 노트북 LM(Notebook LM)을 이용하여 학교 행정 업무의 효율성을 높일 계획이다. 학교에서 행정 업무를 처리하다 보면 각종 규정에 대한 확인이 필요한 경우가 많다. 노트북 LM에 학업성적관리 규정, 생활기록부 기재 요령 등 각종 규정을 소스로 업로드하여 필요할 때마다 채팅으로 질문하고 출처를 확인할 수 있는 AI 비서로 활용할 것이다. 또한 공유 기능을 통해 웹페이지를 온라인 교무실에 탑재하여 학교 선생님들이 궁금한 점을 해결하는 데 도움을 줄 수 있을 것이다. 또한 IB 교육과정과 관련하여 개념 기반 탐구 수업을 구상할 예정이다. IB의 경우 영어 원문으로 된 자료가 많아 정보 접근성이 제한적이고, 한국 교육과정에 어떻게 적용해야 할지 어려움을 겪는 경우가 많다. 이때 노트북 LM에 IB 관련 자료와 수학 지도서를 업로드하여 근거 기반으로 개념 기반 탐구 수업을 설계할 것이다. 수업 설계, 지도안 작성, 평가 계획 수립 등 전반적인 과정에서 노트북 LM의 도움을 받을 수 있으며, IB 관련 질문에 대한 답변을 얻어 필요한 정보를 습득할 수 있을 것이다. 또한, 교사와 학생의 대화로 이루어진 수업 시나리오를 작성하여 구체적인 수업 상황을 미리 가정하고 효과적인 수업을 계획할 것이다.

한편 학생들에게는 노트북 LM을 프로젝트 활동 도구로 활용할 계획이다. 학생들이 직접 찾은 자료를 노트북 LM에 업로드하고, 해당 링크를 학생들에게 공유하여 학생들이 자신들이 찾은 자료 내에서 프로젝트 활동을 진행하도록 유도할 것이다. 프로젝트 활동에서 가장 중요한 것은 학생들의 주도성이다. 생성형 AI에 모든 것을 의존하는 것이 아니라, 학생들이 직접 찾은 자료에서 새로운 의미를 창출하거나 발견하는 능력을 키우는 데 노트북 LM이 효과적인 도구가 될 수 있을 것이라 기대한다.

BettShow 2025를 통해 마주한 글로벌 에듀테크의 흐름으로 한국 교육의 새로운 가능성을 보게 되었다고 생각한다. 카후토피아의 협력적 퀴즈 플랫폼은 경쟁 중심에서 협력 중심으로의 전환을, 굿노트 클래스룸의 실시간 모니터링 기능은 개별 맞춤형 피드백의 실현을, 그리고 구글의 노트북 LM은 AI 기반 교수 · 학습의 미래를 제시했다. 이번 박람회는 단순한 해외 연수를 넘어 교육의 본질을 다시 한번 생각하게 하는 소중한 기회였다. 앞으로 이러한 AI, 에듀테크 도구들을 현장에 적용하면서 모든 학생이 소외되지 않고 함께 성장할 수 있는 교실을 만들어 가기 위해 노력하고자 한다. 물론 이는 쉽지 않은 도전이 될 것이다. 하지만 런던에서 마주한 글로벌 에듀테크의 발전과 가능성을 떠올리며 한 걸음씩 나아갈 수 있을 것 같다. 이 여정이 우리 학생들의 미래를 더욱 밝게 비추는 등불로 더욱 오래 빛나기를 희망한다.

장애 학생의 자립 역량을 크게 높여줄 AI와 VR 기술

이현규 (장기초등학교 특수교사)

1. BettShow 2025 스케치

2025년 1월 '디지털 기반 교육혁신 글로벌 연수'에 참여하여 프랑스와 영국의 다양한 교육기관을 방문하고, BettShow 2025에 2박 3일 동안 참여하면서 최신 AI 및 디지털 기술이 특수교육 대상 학생에게 어떠한 도움을 줄 수 있는지를 중심으로 살펴보았다.

디지털 교육 기술과 AI 도구를 어떻게 특수교육에 효과적으로 활용할 수 있을지에 대해 연수를 통해 얻은 경험과 인사이트를 여기 공유함으로써 여러 특수교육 현장에서 디지털 교육 혁신이 일어나는 데 도움이 되고자 한다.

연수에서의 가장 큰 인사이트는 AI와 디지털 도구들이 장애 학생들에게 맞춤형 학습 경로를 제공하고, 디지털 협력 학습 환경을 통해 학습 접근성과 효율성을 크게 향상시킬 수 있다는 점이었다. 이에 대한 구체적인 사례와 활용 방안을 다음에 정리해 보았다.

2. BettShow 2025, 주요 감상 3가지

전시회에서는 마이크로소프트(Microsoft), 구글(Google), 메타(Meta), 클레버(Clever), 패들렛(Padlet) 등 글로벌 기업들이 AI 및 디지털 교육의 최신 기술을 선보였다. BettShow 2025에서는 특히 AI 기반 교육 도구, 디지털 학습 지원 시스템, 그리고 맞춤형 학습 경로 설계 시스템들이 큰 주목을 받았는데 이를 통해 특수교육에서 AI와 디지털 기술을 어떻게 활용할 수 있을지에 대한 아이디어를 얻을 수 있었다.

마이크로소프트

마이크로소프트는 교육 혁신을 위한 다양한 도구와 솔루션을 제공하는 기업으로 특히 마이크로소프트 팀즈(Microsoft Teams)는 전 세계 교육 현장에 널리 사용되고 있는 협업 플랫폼인데, 특히 장애 학생들에게 매우 유용한 기능을 많이 갖추고 있었다. 팀즈에서 제공하는 AI 기반 실시간 번역 기능과 자막 시스템은 청각장애 학생이 수업에 적극적으로 참여할 수 있게 도와주는데 이 기능을 통해 학생들은 음성을 실시간으로 텍스트로 변환해 수업 내용을 보다 쉽게 이해할 수 있다.

또한 마이크로소프트 러닝 툴즈(Microsoft Learning Tools)의 읽기 및 쓰기 지원 도구는 읽기장애나 학습장애가 있는 학생들에게 큰 도움이 될 것이었다. 청각장애 학생은 물론, 언어장애나 학습장애 그리고 지적장애가 있는 학생들에게 이 기능이 유용하게 적용될 수 있을 것이다. 자동 번역과 자막은 언어적 장벽을 낮추고, 모든 학생이 수업에 동등하게 참여할 수 있도록 지원해 준다.

원노트(OneNote)와 워드(Word)의 읽기/쓰기 지원 도구는 읽기장애, 쓰기장애, 또는 난독증이 있는 학생들에게 맞춤형 학습 환경을 제공하는 데 유용할 것이다. 또한 이 도구들은 학습장애가 있는 학생들에게 맞춤형 자료를 제공하고, 글을 쉽게 작성하고 읽을 수 있도록 지원하고 있었다.

구글

구글은 장애 학생에게 큰 도움을 줄 AI 기반 교육 도구를 제시하고 있었다. 구글 클래스룸(Google Classroom)은 학생들의 과제와 수업 자료를 관리하고, 학생들과 디지털로 상호작용할 수 있는 유용한 도구로 특수교육 대상 학생에게 맞춤형 과제를 제공할 수 있는데 특히 구글 리드 어롱(Google Read Along)은 음성 인식 기술을 활용하여 읽기장애가 있는 학생에게 맞춤형 읽기 연습을 지원하고, 자동 음성 피드백을 통해 독해력을 개선할 수 있으며 정확하게 읽는 연습을 할 수 있도록 돕는 도구였다.

여기에 AI 기반 자동 평가 시스템으로 학생들의 학습 상태를 실시간으로 추적하고, 즉각적인 피드백을 제공할 수 있어서 학습의 격차를 좁힐 수 있도록 하고 있었다. 또한 이 시스템은 학생 개개인의 학습 수준에 맞춘 맞춤형 평가와 피드백을 제공하기 때문에 장애 학생들이 소외되지 않고 온전한 교육을 받을 수 있도록 돕고 있었다.

메타

메타는 가상 현실(VR) 기술을 활용한 몰입형 교육 솔루션을 제시하고 있었다. VR 기기를 사용하면, 학생들이 가상 현실 환경에서 실제처럼 다양한 상황을 체험할 수 있다. VR 기술은 자폐성 장애가 있는 학생들이 사회적 기술 훈련을 제공하는 데 특히 유용하게 활용할 수 있다. 학생들이 가상의 환경에서 상호작용을 연습하고, 사회적 상황을 시뮬레이션하는 방식으로 실제 사회에서의 상호작용을 훈련할 수 있기 때문이다.

　또한 VR은 학생들이 스트레스가 적은 환경에서 새로운 경험을 할 수 있도록 할 수 있어서 정서적 안정을 돕고 직업 훈련 및 실생활 훈련을 진행하는 데에도 유용하게 활용할 수 있다. 예를 들어 시뮬레이션된 직업 훈련을 통해 학생들은 직장 내 환경을 미리 안전하게 체험하고, 필요한 기술을 현장처럼 여러 차례 연습할 수 있다.

3. 특수교육의 AI 및 디지털 교육 기술 활용 방안

맞춤형 학습 경로 제공 및 학습 격차 해소

특수교육에서는 장애 학생 개개인의 특성과 필요를 반영한 개별화교육 계획(IEP)을 수립하여 맞춤형 교육을 제공한다. AI 및 디지털 도구를 활용하면 IEP를 더욱 정교하게 운영할 수 있으며, 학생별 학습 속도에 맞춘 진도 조정, 실시간 피드백 제공, 개별 지원 도구 활용 등을 통해 학습 격차를 해소할 수 있다. 또한, AI 기반 자동 평가 및 피드백 기능으로 교사의 업무 부담을 줄이고 IEP 운영의 효율성을 높일 수 있다. 마지막으로, AI 및 VR 기술을 활용한 자기주도 학습과 사회 기술 훈련을 통해 장애 학생들의 자립 역량을 강화할 수 있을 것이다.

디지털 협력 학습 환경 조성

협력 학습은 특수교육에서도 통합교육을 실현하는 중요한 요소로, 장애 학생과 비장애 학생이 함께 학습하며 사회적 기술을 배울 기회를 제공한다. 구글 클래스룸(Google Classroom)과 마이크로소프트 팀즈(Microsoft Teams) 같은 협업 도구를 활용하면 모든 학생이 디지털 환경에서 자유롭게 소통하고 협력할 수 있는 학습 환경을 조성할 수 있다. 이를 통해 장애 학생은 비장애 학생과 자연스럽게 상호작용하며 학습에 참여하고, 비장애 학생은 다양성을 이해하고 협력하는 경험을 쌓을 수 있다. 이러한 협력 학습 경험으로 교실은 통합교육의 목표인 상호 존중과 포용적 학습 환경 조성에 가까워질 것이다.

장애 학생을 위한 디지털 윤리 교육

디지털 기술의 사용이 증가하면서 디지털 윤리와 개인정보 보호는 특히 장애 학생을 위한 교육 환경에서 더욱 중요한 과제가 되고 있다. AI 기반 학습 도구와 디지털 학습 자료를 활용할 때, 장애 학생들의 개인정보(건강 정보, 학습 데이터 등)가 보호될 수 있도록 철저한 보안이 필요하다. 또한 학생들이 자신의 정보가 어떻게 활용되는지 이해하고, 디지털 환경에서 안전하게 행동할 수 있도록 디지털 윤리 교육을 강화해야 한다. 이를 통해 장애 학생이 AI 및 디지털 기술을 활용하는 과정에서 개인정보를 보호받으며, 스스로도 책임감 있게 기술을 사용할 수 있도록 지도할 필요가 있다.

4. [인사이트 ①] 한국 특수교육에의 시사점

BettShow를 통해 현재의 최신 에듀테크 동향이 우리 특수교육에 분명한 몇 가지 시사점을 준다고 생각하였고 다음과 같이 다섯 가지로 정리할 수 있었다.

(1) AI 기반 개별화교육계획(IEP) 운영 강화
- AI를 활용해 학생별 맞춤형 학습 경로 조정 및 실시간 피드백 제공
- 자동 평가 시스템 도입으로 IEP의 실효성 및 교사의 업무 효율성 향상

(2) 디지털 협력 학습 환경 구축
- 구글 클래스룸 또는 마이크로소프트 팀즈 활용, 장애 학생과 비장애 학생의 협력 학습 지원
- 통합교육 강화를 위해 디지털 플랫폼을 활용한 사회적 상호작용 기회 확대

(3) AI · VR을 활용한 사회 · 직업 기술 훈련 확대
- Meta VR을 활용해 자폐 및 발달장애 학생의 사회적 기술 및 직업 훈련 제공
- 가상 환경에서 실습하며 실생활 적응력 및 자립 역량 강화

(4) 디지털 윤리 및 개인정보 보호 강화

- 장애 학생의 학습 데이터 및 개인정보 보호 가이드라인 마련
- 디지털 윤리 교육 필수화로 학생들의 안전한 기술 사용 역량 강화

(5) AI · 디지털 교육 인프라 확대 및 교사 연수 강화

- 특수교육 현장에 AI 및 디지털 학습 도구 지원 확대
- 특수교사 대상 AI · 디지털 기술 활용 연수 강화

5. [인사이트 ②] 특수교육 현장 적용 아이디어

BettShow에서 확인한 에듀테크 도구와 인공지능 기술을 통해 얻은 인사이트를 바탕으로 실제 수업 현장에 적용해 보고자 하는 열 가지 아이디어를 다음과 같이 정리할 수 있었다.

(1) AI 기반 개별화교육계획(IEP) 운영 강화를 위해 마이크로소프트와 구글의 AI 학습 분석 도구를 활용하여 학생별 맞춤형 학습 경로를 자동 조정하고 실시간 피드백을 제공해 보려 한다.

(2) 자동 평가 시스템 도입으로 학습 수준을 실시간으로 분석하고, AI 기반 맞춤형 과제를 제공하여 IEP의 실효성을 높이고 교사의 업무

부담을 줄여 보고자 한다.

(3) 구글 클래스룸과 마이크로소프트 팀즈를 활용한 협력 학습 환경구축을 통해 장애 학생과 비장애 학생이 함께 학습하고, 사회적 기술을 배울 수 있도록 통합학급을 지원해 보고자 한다.

(4) 패들렛(Padlet) 등의 디지털 협업 도구를 활용하여 학생들이 서로 소통하고 학습 내용을 공유하며 자연스럽게 상호작용하는 기회를 확대해 보려 한다.

(5) 메타 VR을 활용한 사회 · 직업 기술 훈련 프로그램을 안내하여 자폐 및 발달장애 학생들이 가상환경에서 사회적 상호작용을 연습하고, 직업 체험을 할 수 있도록 연수하고 안내해 보고자 한다.

(6) AI 및 VR을 통한 자기주도 학습 강화로 장애 학생들이 스스로 학습을 계획하고 실행할 수 있도록 유도하며, 자립 역량을 높이는 교육을 제공해 볼 계획이다.

(7) 디지털 윤리 및 개인정보 보호 교육을 강화하여 장애 학생들이 AI 및 디지털 도구를 안전하게 활용하고, 개인정보 보호 및 책임감 있는 기술 사용 습관을 형성하도록 지도하려 한다.

(8) 특수교육 현장에 AI 및 디지털 학습 도구 사용 방법 및 AI 및 디지털 기술 활용 연수 기회를 마련하여 보다 효과적인 특수교육 환경을 구축을 도우며 힘쓰고자 한다.

(9) 디지털 특수교육 연구 및 사례 공유를 활성화하여 AI 기반 교육의

효과성을 높이고, 국내외 특수교육 트렌드를 반영한 혁신적인 교육 방안의 도입과 실천의 활성화를 독려해 보고자 한다.

(10) 궁극적으로 AI와 디지털 기술을 활용해 장애 학생들의 학습 격차를 줄이고, 협력 학습을 강화하며, 자립할 수 있는 능력을 키우는 방법에 대한 탐구와 실천을 꾸준히 지속해 나가고자 한다.

BettShow를 통해, AI 및 디지털 기술을 적극 활용하면 특수교육 대상 학생들의 맞춤형 학습을 실현하고, 협력 학습을 활성화하며, 사회·직업 기술을 훈련할 기회를 보다 혁신적으로 제공할 수 있음을 실감했다. 이를 위해 IEP 운영 강화, 협력 학습 환경 구축, AI·VR을 활용한 직업 교육, 디지털 윤리 교육, 교사 역량 강화 등을 단계적으로 실천해 나가려 한다. 이를 통해 특수교사로서 장애 학생들이 자신의 학습을 보다 능동적으로 관리하고, AI 및 디지털 기술을 통해 학습 격차를 줄이며, 자립할 수 있는 능력을 키울 수 있도록 지원하는 것이 나의 최종 목표다. 앞으로도 AI와 디지털 기술을 적극적으로 활용하여 모든 학생이 동등한 교육 기회를 가질 수 있도록 하는 나의 일에 최선을 다하고자 한다.

AI 고도화에 따른 미래교육과 에듀테크 방향성 변화

이창훈 (테크빌교육(주) 에듀커머스부문 대표,
즐거운학교(주) 대표이사)

1. BettShow 2025 스케치

2023년부터 2025년까지 3년간 BettShow를 참관하였다. 코로나19 종식의 분위기가 형성되어 있던 2023년에는 LLM 기반 AI가 BettShow에 조금씩 등장하고 있었다. 당시는 세계적 전염병으로 탄생한 뉴노멀을 찾고, 그간 단절되었던 교육 생태계를 다시 연결하고 재구성하는 것을 테마로 삼고 있었다. 1년 뒤 2024년 BettShow에서는 일부 기업이 LLM 기반의 AI를 포함한 다양한 AI 도구(Assistant)기술을 선보여 화제를 일으켰는데 혁신적이었지만 정확도와 실용성이 다소 낮은 정도에 머물렀었다. 그런데 불과 1년 뒤 2025년에는 많은 기업이 데이터 학습을 통해 정확도와 실용성이 급격히 올라간 혁신적 AI 기술을 선보였다.

2022년부터 2025년까지 3년간 BettShow를 참관하면서 가장 크게 느낀 것은 기술의 발전 속도가 18~24개월마다 2배씩 발전한다는 무어의 법칙(Moore's Law)을 무시한 채 에듀테크 기술이 엄청난 속도로 발전하고 있다는 점이었다. 에듀테크 업체 대부분은 1년도 안 된 기간에 새로운 AI 기술을 들고 나왔다.

이번 BettShow를 보고 느낀 점은 첫 번째, 기술의 발전 속도이다. 수많은 에듀테크 기업이 1년 만에 고도화된 기술들을 선보였다. 두 번째, 세상이 급변하고 있고 새로운 지식도 기하급수적으로 늘어나고 있는 현시점에서 우리나라 교육이 그 속도를 맞춰 가고 있는지 의문이 들었다. 세 번째, AI 시대에 학교와 에듀테크 산업이 어떻게 진화되어야 할 것인가를 생각해 보게 되었다.

2. [인사이트 ①] 글로벌 에듀테크 동향: AI 고도화

이번 BettShow에서 가장 많이 본 이모티콘은 별 2~3개가 반짝이고 있는 이미지이다. 이 이미지는 AI가 무언가를 생성하고 있다는 것을 뜻했다. 대부분의 에듀테크 기업이 반짝이는 별 모양의 이모티콘을 자신의 서비스에 노출하고 있었고, 부스 디자인 및 발표 장표에도 노출하면서 AI 기술을 확보한 기업임을 증명하였다. 불과 1년 만에 AI 기술을 탑재하여 BettShow에 참가한 많은 기업들과의 미팅을 통해 얻은 다양한 인사이트를 공유하고자 한다.

AI 기술의 격차와 AI 개발의 속도

2024년 BettShow에서는 일부 기업들이 정확도와 실용성이 낮은 LLM 기반의 AI 기술을 선보였다면 2025년에는 데이터 학습을 통해 정확도와 실용성이 급격히 올라간 AI 기술들을 많은 기업이 선보였다. 제법 쓸 만한 AI 기술들이 많이 등장했다. 헝가리 에듀테크 기업 'Redmenta'는 150개가 넘는 AI 어시스턴트를 만들어 참가하였고 혁신상(BETT Innovation Award)을 수상했다. 이렇게 AI 기술에 집중하여 1년 사이에 엄청난 도구들을 만들어 온 업체가 있는 반면, 큰 변화 없이 작년과 유사한 수준으로 참가한 업체들도 있었다. 글로벌 에듀테크 기업 간에도 AI 기술 격차가 벌어지고 있다는 것을 체감할 수 있었는데 한번 벌어진 격차를 다시 따

라잡는 것은 상당히 힘들 것으로 느껴졌다.

　이런 변화가 가능한 이유는 빅테크 기업들이 LLM이나 AI 기술들을 자신들만 소유하지 않고 SaaS 형태로 원하는 모두에게 지원했기 때문이다. 예전처럼 모든 것을 다 개발하는 것이 아닌 다양한 기술을 찾아서 레고처럼 꽂아가며 서비스를 구축해 가는 세상이 된 것이다. 이러하다 보니 개발 속도가 전체적으로 크게 가속화되었다.

　이를 배경으로 이번 BettShow에는 스타트업의 참여가 많이 늘어났는데 이들의 기술력은 수년간 고도화를 지속해 온 에듀테크 업체에 비해 크게 떨어지지 않았다. 창업한 지 11개월이 된 'EditAI'라는 회사는 STEM 기반 프로젝트 수업을 교사들이 협업해 설계할 수 있는 서비스를 개발하여 참가하였는데 성능이 놀라운 수준이었다. 이런 현상들을 보면 무언가 새로운 서비스를 개발할 때 1년 이상이 소요되는 경우 과연 이 서비스를 오픈하는 것이 맞는 것인지는 해당 시점에 다시 생각해 보아야 한다. 서비스를 오픈할 1년 뒤쯤이면 세상에는 1년 전에 없던 새 기술들이 출시되어 있을 것이기 때문이다.

텍스트 타이핑이 아니라 멀티모달

묻는 말에 대답을 해 주는 챗GPT의 등장이 왜 충격이었을까? 인간과 컴퓨터가 자연스러운 대화를 주고받으며 문제를 해결해 나가는 일이 처음이었기 때문이다. 어려운 코딩 없이 대화만으로 인간이 AI에게 지시하는 일이 가능해진 것이다. 이 대화의 방법도 처음에는 텍스트 타이핑에 의존하였지만 지금은 텍스트, 이미지, 오디오, 비디오와 같은 다양한 모달리티(Modality)의 사용이 가능해졌다. 다양한 모달리티의 데이터 관계를 학습하고 이를 바탕으로 변환을 수행하는 기술을 '멀티모달'이라 통칭하고 있다.

2024년 BettShow에서 나온 AI 기술들은 대부분 타이핑에 의해서 작동이 되었다. 프롬프트에 원하는 것을 입력하고 결과를 받는 LLM의 초기 서비스였는데 1년 뒤 이번 BettShow에서는 업체 대부분이 자사 서비스에 멀티모달 기술을 탑재하고 참가했다. 텍스트 타이핑, 손글씨, 음성, 이미지, 동영상 등 다양한 입력값을 분석하여 결과를 제공하였으며, 그 결과 또한 다양한 형태로 변환 · 제공 받을 수 있었다. 이번 BettShow의 글로벌 테마 7가지 중 첫 번째는 다양성과 포용성(Diversity & Inclusion)으로, 다양한 학습 스타일을 수용하고 접근이 가능한 기술과 디자인 원칙을 지키고 누구든 소외되지 않고 학습에 참여할 수 있도록 만든다는 의미였는데 이런 맥락에서 멀티모달은 중요한 기술이라 생각한다. '2024년 교육기본통계[1]'에 따르면 다문화 학생 수는 19만 3,814명으로 전년 대비 7%, 1만 2,636명 증가하였는데, 이는 2012년 조사 이후 매년 꾸준히 상승한 역대 최고치라고 한다. 이런 다문화 학생들 중에는 한국어를 제대로 하지 못하는 학생들이 많은데 멀티모달 시스템을 적극 활용할 수 있다면 이들도 정규수업에서 충분히 학습할 수 있을 것이다. 또한 멀티모달 기술은 UDL(Universal Design for Learning) 관점에서 장애가 있는 학생을 포함한 모든 학생이 최신 기술을 활용하여 학습할 수 있도록 만들어야 한다는 점에서 중요하다.

AI Assistant

"플랫폼 시대가 지고 AI 에이전트 시대가 뜬다."라는 말을 들어 본 적이 있는가? 진정한 인공지능이라고 일컬어지는 AI 에이전트(Agent)는 묻는 말에만 답하는 챗GPT와 달리 인간의 목적을 이해하고 스스로 다양한 AI를 넘나들며 학습하고, 스스로 결정을 내리면서 인간이 원하는 목적을 달성하도록 만들어 준다. AI 에이전트가 개발되기 위해서는 다양한 AI 도구(AI Assistant)들이 필요한데 이번 BettShow에서는 수백 가지 AI 도구들이 경쟁처럼 쏟아져 나왔다. 예전과 달리 실용성 또한 상당히 높았으며 이미 전 세계 많은 교사가 실제 수업에 사용하고 있었다. 즉 AI 도구가 이번 BettShow의 핵심이었다. 루브릭 자동 설계, 평가계획서 자동 설계, 수업 설계, 문제 생성, 첨삭 생성, 행정 서류작성, 리포트 제

1) 한국교육개발원 교육통계서비스 '교육기본통계'
　https://kess.kedi.re.kr/stats/intro?itemCode=01&survSeq=2024&menuCd=

작, 스토리 제작, 동화책 생성 등 정말 다양한 AI 도구들이 등장하였다. 2024년에 비해 AI 도구들의 실용성은 매우 크게 높아져 있었다. 아마 2026년 BettShow에서는 선생님의 목적을 이해하고 선생님이 시키지 않아도 알아서 문제를 해결해 주는 AI 에이전트가 대거 등장할 것으로 예상된다.

3. [인사이트 ②] 글로벌 에듀테크 마켓 동향: 통합과 연결

최신 AI 기술을 누구나 쉽게 사용할 수 있게 된 시대, 글로벌 에듀테크 마켓은 통합되고 있으며 각자의 약점을 보완하기 위한 에듀테크 기술 간 연결이 적극적, 전면적으로 일어나고 있다는 것을 이번 BettShow에서 확인했다.

SaaS로 제공되는 AI 기술

작은 중소기업도 빅테크 기업이 SaaS로 제공하는 최신 AI 기술을 탑재하여 빠르게 고도화된 제품을 출시할 수 있게 되었다. 그리고 자신의 전문 분야가 아닌 다른 분야도 AI를 활용하여 쉽게 넘나들 수 있게 되면서 산업 간 경계 파괴가 일어나고 있었다. 빅테크 기업의 기술을 SaaS로 사용하다 보니 중소기업이 스스로 고도화하지 않아도 빅테크 기업이 고도화하면 성능이 향상되었다. 중소기업도 버티컬시장에서 대기업과 경쟁을 해 볼 만한 시대가 된 것이다. 하지만 SaaS로 제공된 기술을 동일하게 적용하다 보니 이번 BettShow에 소개된 다양한 AI 도구(AI Assistant)들이 대부분 유사한 형태의 UI, UX로 만들어져 있었다. 에듀테크 간 차별성이 흐려진 것이다. 따라서 AI 기술의 고도화보다도 사용자 경험을 극대화시키는 UX 혁신이 중요해졌다. 혁신적이고 차별화된 서비스를 출시하는 데 개발자보다 기획자의 창의성이 더욱 중요해진 시기다.

글로벌 에듀테크 대통합

불과 2년 전만 해도 한국어가 지원되지 않는 서비스가 많았다. 그런데 이번 BettShow에서는 대부분의 서비스에 다국어 지원이 되고 있었다. 'Kami'의 경우 200개 넘는 언어가 탑재되어 있어 교사는 영어로 과제를 내지만 학생들은 자신에게 편한 언어로 과제를 제출할 수 있다. 더 놀라운 점은 국가별 교육과정을 서비스에 탑재하고 있었다는 것이었다. 여러 에듀테크 서비스는 이미 한국의 '2022 개정 교육과정'을 탑재한 상태로 BettShow에 참가해 있었다. AI 기술의 발전으로 에듀테크 산업은 국가 간 경계가 거의 파괴되다시피 했다. 국내 에듀테크 기업은 국내 경쟁만을 고민할 것이 아니라 글로벌 경쟁을 고민해야 하는 시대다. 국내 에듀테크 기업들도 다국어 개발을 기본 정책으로 하여 국내 시장을 넘어 글로벌 시장으로 넘어갈 준비를 해야 한다.

서드파티 활성화

글로벌 에듀테크 업체들 가운데 특정 분야에서 독보적인 위치를 점한 기업들이 있다. 디자인 템플릿 및 AI 기반 디자인툴인 캔바(Canva)는 디자인 영역에서 독보적이다. 이렇다 보니 다양한 에듀테크와 서드파티가 연결되고 있다. 예를 들면 수업 콘텐츠를 예쁘게 디자인하여 슬라이드쇼에 넣어 학생들과 수업하고 싶다면 다양한 포맷의 장표를 하나로 합쳐서 수업을 설계할 수 있는 루미오(Lumio)를 캔바에 연결하면 된다. 캔바는 서드파티 앱인 '캔바 앱스 SDK(Canva Apps SDK)'를 제공하고 있어서 타사의 다양한 서비스에서 캔바를 디자인 도구로 사용하고 있다. 글로벌 에듀테크 업체들은 서비스를 개발해 사용하기보다는 서로의 장점을 결합하여 고객에게 최상의 경험을 제공하는 방향을 선택하고 있다.

4. [인사이트 ③] 새로운 역할 기대
: 교사, 에듀테크 기업, 공공기관

지난 2024년은 2022 개정 교육과정이 현장에 반영되는 첫 해였다. 학년 순차적으로 새 교육과정이 반영되니 올해도 일부 학년에서는 10년 전에 만들어진 2015 개정 교육과정으로 수업을 진행한다. 급변하는 시대의 속도를 생각하면 곤란한 상황이다. 5~7년 주기로 새로 만들어지는 교육과정만으로 우리는 급변하는 이 시대를 교육에 과연 충분히 반영할 수 있을까?

캔바의 교육책임자 칼리 다프(Carly Daff)는 '교실 속 인공지능: 창의성 펼치기(AI in classroom : Unlocking creativity for the next generration)'라는 제목의 강연을 2025년 BettShow에서 진행하며 다음과 같은 문장을 화면에 띄웠다. "Students are ~~memorizing~~ understanding why and how these processes happen." 교육은 학생들에게 사물의 원리를 암기시키는 과정이 아니라 이해시키는 과정이며 이 과정에 AI가 대단히 기여할 수 있다는 의미다. 훌륭한 AI 도구들이 등장하여 교육의 가능성이 재조명되는 시대다. 탁월한 교육 도구는 학습의 과정을 바꾸고 각자의 역할을 재정의하게 한다. 우리 공교육 영역에 있는 모두의 역할이 바뀌고 있다. 그중 교사, 에듀테크 기업, 공공기관에게 지금 기대되는 새로운 역할은 무엇일까.

교사: AI 에이전트의 수업 도입

학교 현장에서는 다양한 문제 해결에 있어 최신 기술을 활용하는 데 대한 거부감이나 두려움을 낮추고, 이제 적극적으로 도입하기 시작해야 한다. 학생들은 최신 기술을 활용해 자신의 복잡다단한 문제를 해결하는 방법을 교사를 통해 배울 것이다. 학생들 간에 발생할 AI 활용 능력 편차를 줄이는 것이 머지 않아 공교육의 새로운 역할로 자리 잡을 것이기도 하다.

무엇보다 이제 AI 에이전트의 시대다. 몇 년 안에 사람들은 AI 비서 한두 개를 가지고 생활하게 될 것이다. 영화 〈아이언맨(Iron man)〉에 등장한 인공지능 비서 자비스(J.A.R.V.I.S.)와 토니 스타크(Tony Stark)의 관계에 대해 생각해 보자. 자비스는 언제 어디서나 아이언맨인 토니 스타크와 대화가 가능하며 주인이 시키지 않아도 다양한 일들을 하고 있다. 이런 자비스를 누구나 가질 수 있는 AI 에이전트(Agent)의 시대가 도래하기 시작했다.

토니 스타크가 처음 만들었던 슈트 '마크 1'은 혼자 만든 것이지만 이 것이 산산조각 난 이후 다시 아이언맨 슈트를 만들 때는 혼자 만들지 않고 AI 비서인 자비스와 함께 만든다. 분석, 설계, 제조를 AI 비서가 진행한다. 자비스는 토니 스타크에 말에 따라 자신의 의견을 내고 24시간 쉬지 않고 아이언맨 슈트를 만든다. 토니 스타크가 다른 업무 지시를 하고 자선 행사장으로 이동하지만 자비스는 주인의 목적을 이해하고 슈트 만들기를 계속한다.

이렇게 아이언맨 슈트 '마크 3'가 탄생하는데, 이것은 누가 만든 것인가? 정답은 토니 스타크다. 자비스는 스타크를 적극 돕고 지원했을 뿐이다. 선생님의 수업 설계 및 수업을 AI와 함께 준비하고 구성해도 그 수업은 여전히 선생님이 만든 것이지 AI가 만든 것이 아니라는 것이다. 수업을 AI에 맡긴다고 비판할 수 있다. 물론 우려점은 받아들여야 한다. 하지만 토니 스타크 혼자 만들었던 마크 1과 마크 3는 기능 차이가 엄청났다. AI 기술을 거부하기보다는 이제 교육에서도 적극 활용하며 수정해 나갈 시대다.

에듀테크 기업: 교육적 방향성 설정

영국은 학교 수에 있어서 우리나라와 큰 차이가 없는데, 에듀테크 산업은 세계 최고로 성장하고 있다. AI 시대 교육의 혁신을 만들기 위한 교육부 등 공공기관, 선생님, 민간기업 간의 협력체계가 잘 구축되어 있기 때문이다. 이제 우리도 AI 시대 미래 인재를 양성하기 위한 협력을 강화할 때다. 그러기 위해서 우선 첫 번째로 필요한 것은 에듀테크 기업의 교육적 방향 설정이다.

에듀테크 기업들은 지금의 학교 문제 해결도 중요하지만 앞으로 변화될 교육 현장에 대한 이해를 바탕으로 기술 개발에 힘을 쏟아야 한다. 에듀테크 기업 대부분은 자사 서비스 고도화를 위해 자문을 받아 보았을 것이다. 그런데 자문을 받아 보면 과거에 발생한 문제에 초점이 맞춰지는 경우가 많다. 이렇게 되면 에듀테크 기업이 고도화하는 기술은 교육부가 만든 이상적인 교육 방향을 빠르게 따라가는 기술이 아니라 결국은 과거에 머무는 기술이 될 수 있다. 에듀테크 기업은 미래교육에 대한 이해도를 높여서 현장에 갑자기 들이닥칠 수 있는 문제에 선제적으로 대응할 수 있는 기술로 공교육을 지원해야 한다.

공공기관: 민간 협업 확대와 해외 진출 지원

교육부 등 공공기관은 영국처럼 민간기업의 기술을 공교육에 보다 적극 활용해야 한다. 교육부가 직접 개발하여 제공하는 다양한 서비스는 과업 지시서 작업부터 제안 발표, 기술협상, 실제 오픈에 이르기까지 최소 6개월에서 길게는 2년이 걸리기도 한다. 오픈과 동시에 시대에 뒤떨어진 서비스를 오픈하게 될 가능성이 생긴다. 즉 많은 예산을 들여 직접 개발하고 무료 배포하기보다는, 최신 기술을 계속 고도화하는 민간 기술을 제대로 선발하여 활용하는 것이 훨씬 효율적일 것이다. 또한 이제 해외 에듀테크 업체들이 자사 서비스에 한국 교육과정을 탑재하여 세계 시장의 대통합을 주도해 나가기 시작했다는 점에 주목할 필요가 있다. 이런 시대 대한민국 에듀테크 기업이 글로벌 시장에 진출하고 우위를 가질 수 있도록 하는 적극적 지원이 필요하다. 시기를 놓치지 않고 국내 기업 가운데 세계적 에듀테크 기업이 등장하고, 세계 최고의 기술로 미래 인재를 양성해 나갈 수 있도록 하는 국가적 차원의 산업 육성이 절실한 시기다.